U0687210

20 世纪中国图书馆学文库·27

图书分类法

皮高品　编

参考工作与基本参考书

邓衍林　讲

国家圖書館出版社

图书分类法

皮高品　编

本书据武汉大学 1956 年 7 月讲义排印

目　　录

图书分类法教学大纲

壹 绪论

一、学习图书分类法应有的认识

我们学习的总目的是使图书成为人民大众的财产，通过图书广泛的传布马克思列宁主义，党和政府的政策，计划，等等，以及社会政治科学，文艺，历史，自然科学，工业技术等各种知识。

这是图书馆的任务，一个严肃而光荣的任务。图书馆工作者将为完成这个任务贡献出他们的一切力量。因此，就必须学会处理图书的一切先进工作方法和理论。图书分类是处理图书的主要工作，我们必须学会怎样分书，必须掌握分书所依据的工具——图书分类法。

二、什么是图书分类法

1.图书的意义

图书是知识和思想的具体表现，是表达作者的某种愿望和目的,或是发扬别的思想家的学说和思想的。把这样的图书按照类别次序来排列最是合理,即是说,图书要分类。

2.什么是分类

(1)我国古代学者对于分类意义的说明

(2)西方学者对于分类意义的说明

三、图书为什么要分类

1.从图书本身方面来说

2.从图书收藏方面来说

3.从编制分类目录方面来说

4.从图书管理方面来说

5.从分类工作者来说

6.从读者方面来说

四、图书分类工作

1.图书分类工作是图书归类工作

2.图书分类工作是图书分类法的实践

3.图书分类工作是政治性的工作

五、怎样学习图书分类法

1.讲课是全部学习过程中最重要的一个环节

2.实习是实际分书,是把分类法应用到具体图书的工作

3. 课堂讨论是学生运用所获得的知识,发挥独立思考能力,进行有科学论据的讨论

贰　图书分类法的组成部分

一、分类表

1. 理论根据

这个理论是马克思列宁主义理论,图书分类体系必须建立在这个理论之上。根据毛主席和恩格斯对于分类的指示,分类体系的基本序列或基本类目是:哲学,社会科学,自然科学,总类。

2. 组织原则

分类表组织的原则也是以马克思列宁主义理论做基础。这些原则就是阶级性,国家性,科学性,连续性,和统一性;总括的说就是:思想性和技术性。

必须明确,我们的分类法是为工人阶级服务,是为我们的图书馆用的,是以社会发展规律为出发点的。因此,分类表的内容必须具有战斗性,普遍性,以及预见性。

同时,在技术方面必须使类目之中在其相互关系上表示着连续性和统一性。因此,分类表的组织要以基本属性这个特征做主要标准,即以图书的内容做区分标准;此外,还要以图书形式,读者对象,字顺,版本,等等做区

分标准。

由于分类表的组织不是一次式的,而是多次式的,所以,同一类目有时要列入两个或更多的类,因此,在这些类目下注明互见,见,宜入,参见,等等字样以便选择。

二、分类号码

图书按照类别排列是图书馆界颠扑不破的定论。而类别必须用一种序级符号来代表才能排列先后顺序。这种序级符号我们叫做分类号码。

现行图书分类法所采用的号码有三种制度:字母制,数目制,字母和数目混合制。

我们知道,任何一种序级符号都是固定的,而分类体系不是固定的,这就不可能使号码完全和分类体系的级位相适应。分类号码在目前来说码是一个问题。中、小型图书馆图书分类表采用混合制,同时在有些号码的前面加上非序级的符号。这是不正确的。

三、辅助表

辅助表的编制是为了减少类目的无数重复。由于它含有助记的性质,所以也叫助记表。辅助表有:形式细分表,地理或国别细分表,还有它种辅助表。

1. 形式细分表

每一门科学都可能有这样的图书:目录,字典,杂志,年鉴,丛书,原理,概论,评论,研究,历史,等等。图书分类法利用这种形式编制一种形式细分表。中、小型图书馆图书分类表的形式细分表没有助记性，为什么要这样？没有说明。

2. 国别细分表

中、小型图书馆图书分类表没有国别细分表。根据它的编制情况来说有编制这个细分表的必要。

3. 其它辅助表

所谓时代细分表，文字细分表，语言细分表等等都没有编制的必要。我们不可能编一国际时代表完全适合所有国家历史发展的过程。至于文字细分表，或语言细分表，或……，可仿我国或苏联语言文字学……类目细分。

四、相关索引

分类表是按类别顺序排列的，它所反映类目的相互关系要受到限制，相关索引就是为了补救这点而编制的。它把一个类目的相关类目集中在一个著录之下，这就使分类工作者以及读者获得很大的便利，帮助他们克服分书，找书，使用分类法时种种困难。但是，索引只是分类表的一种辅助工具，不是分类表本身；分类号码的决定必须根据分类表。

叁　图书分类方法

一本书要能分得正确,要能表现出这本书的基本实质,才合乎图书馆工作的要求。为了做到这点,分类工作者订立了一些分书规则。这些规则分为三种:

一、怎样决定一本书的内容

决定一本书的内容:首先看

1. 书名。书名不能表现出它的内容时,就要看

2. 目次。看了目次,还不知道它的内容是什么,就要看

3. 章节标题,或眉端标题。没有章节或眉端标题,就看

4. 序跋,导言。还不能看出它的内容时,就要看

5. 参考书。再不能看出,就要看

6. 内容。有些书太专门,不能知道它的内容,就要请教

7. 专家。

二、图书分类一般规则

一般规则是根据图书的内容和形式来制订的,每一类的图书都能适用。

1. 内容方面分为：（1）一本书研究一个题材，（2）一本书研究两个题材，（3）一本书研究三个或更多的题材。

2. 形式方面指：理论，历史，地理，目录，索引，字典，杂志，等等。这一类型的书有综合性的，有专门性的。专门性的是说每一类都有这样类型的书，都依内容分入各类，再依形式细分。

三、各类图书分类方法

1. 哲学类图书分类方法

在这个基本类目之下成立二个大类：马克思列宁主义和哲学，分作四点来讲：

（1）马克思列宁主义虽然属于社会科学的范畴，但它是研究自然现象和社会现象一般规律的，是关于自然界和人类社会发展的根本普遍法则的科学。因此，把马克思列宁主义排在最前列，并把马克思列宁主义与哲学（旧哲学）区别开来。哲学排在马克思列宁主义的后面。

（2）马克思列宁主义图书分类方法

马克思列宁主义经典著作：全集，选集，别集及其注释，翻译，等等著作集中分类，依经典作家分。别集或单行本之研究一个专题和专题选集应与专类互见，使各该类都有经典著作做指导。

（3）哲学体系概说

哲学史是一个追求与认识客观真理的过程，是唯物主义和唯心主义斗争的过程。唯心主义的理性论,经验论,观念论,怀疑论,超越论,绝对观念论,感觉论,实用论,新实在论,等等都认为观念,或精神,或感觉是真实存在,物质是不存在的。唯心主义的谬论非常明显。列宁提出两个问题:1. 在人类以前自然界是否存在? 2. 人是不是用头脑思想? 就把柏克莱的观念论,马赫的感觉论,以及整个唯心主义粉碎得连影子都没有了。由于马克思主义哲学正确地反映了客观世界的发展规律,解决了人类思维对外界事物关系的问题,才使哲学成为真正的科学,不同于以往一切哲学体系。因此,马克思列宁主义图书的分类方法和哲学体系的图书分类方法也就有所不同了。

（4）哲学书的分类方法

哲学类的划分大致分为三方面:内容,国别,派系。这三方面都列有类目,一本哲学书往往可以同时分入这三个方面。但是,一本书只能分在一个地方,分在那一个地方是有一定方法或原则的。

2. 社会科学类图书分类方法

社会科学是研究自然运动形态除外的一切运动形态。这一基本类目包括以下大类:

（1）经济科学

政治经济学是研究物质财富的生产与分配的社会关系,财政学是研究社会生产的价值方面,统计学是研究社会经济的现象与过程,用数字把它们表现出来。因此,把这三类组成为经济科学一大类。

（2）政治科学

政治科学包括经济基础的全部政治上层建筑。

（3）文化、教育

教育是具有阶级性的,是阶级斗争的工具。由于它具有一定的特殊特征,不能把它看作当代的上层建筑之列,因此,把它和其它社会现象区别开来,成为文化、教育类。

（4）语言文字

语言文字是一种特殊的社会现象,和基础及上层建筑不同,它是一门独立的科学,因此,把它单独成立一大类。

（5）文学

文学的书籍是靠形式来表现内容,传达思想的,或者说,文学的书籍是思想内容和形式结合在一起通过形式表现出来的。文学书籍的分类是以形式（文学体裁）为主呢？还是以国别为主？在今日仍是争论之点。

（6）艺术

艺术也是具有特种形式的东西,同文学一样是靠形式来表现内容,传达思想的。

（7）历史

历史是叙述社会发展全部过程,是自然科学,社会科学发展过程的记载和总结。因此,把历史科学排在社会科学的最后,这样又可与自然科学衔接了起来。

(8)宗教史、无神论

宗教是由于社会矛盾的结果而发展起来的,在历史上,尤其是中世纪,历史运动是采取了宗教色彩的,宗教与历史在发展的过程中往往互相关系着,我们把宗教排在历史的后面。

无神论是否定宗教,否定超自然的神。它是在自然科学的繁荣的基础上发展起来的,反过来促进自然科学的发展。因此,把无神论与宗教排在一起,紧接排在自然科学之前。

这一基本类目的图书分类方法有:经济科学书的分类方法,政治科学书的分类方法,文学书的分类方法,艺术书的分类方法,和历史书的分类方法。

3.自然科学类图书分类方法

自然科学是以自然现象为对象研究自然界客观规则的科学。毛主席说自然科学是生产斗争的知识。生产斗争的知识有理论性的,有技术性的。由于这一基本类目包括的科学广,出版图书的数量多,因此,根据它们的"血统关系"成立物理或数理科学,生物科学,医药科学,农业科学,技术科学各大类。

我们都知道,因为有了自然科学的发达,才有医,农,工各种技术科学的发达。没有科学上的进步,技术上的进步几乎是不可能的,而科学的产生以及科学上的进步同时是在技术实践的过程中修改与充实而产生而进步的。因此,自然科学的书和技术科学的书往往互相关涉,分书时就需有一定的规则。

4.综合性图书分类方法

综合性图书或总类的书,它们的内容涉及图书分类表中许多类目,不能分入以上任何一类,因此特设这一大类来容纳。

这一大类的若干类的分书方法需要特别提出加以说明:

(1)目录　书目

"汉书艺文志"叙传:"刘向司籍,九流以别,爰著目录",这就是以目录名书的开始。有篇目与叙录的才能叫目录。只记书名的是书目。目录与书目的分类同样处理。

(2)百科全书　类书

凡是依类别的体例来编的书叫做类书。我国类书的性质和百科全书相同,因此,把它和百科全书列为一类。专门性的类书分入各类,一般性的,即根据不同类的典籍来编的类书分入本类。

中、小型图书馆图书分类表把辞典和百科全书列为综合性图书的类目是需待商榷的。辞典在现今来说是与字典不全一样,但它仍然保持字典的本色,因此,应与字典一起分入语言文字类。

（3）杂志

杂志的分类，中、小型图书馆图书分类表的注解："……属于专门学科者，按照内容，分入各类。为了参考方便，得在分类号码上，冠以"△"符号（杂志用"艹"）集中排架"。杂志前面加上"艹"符号，没有这个必要。杂志的分类要根据它的内容与性质。

（4）丛书

丛书，一般来说，可以分为普通丛书和类别丛书。类别丛书应依内容分入各类。普通丛书的分类要依一定的方法来处理。

肆　著者号码与索书号码

一、说明

分类号码是把这一类的书从另一类的书分开，著者号码是把同类的这本书从另一本书分开。两个号码组合起来成为索书号码，出纳取放要根据这个号码。

二、著者号码表

有的只根据一种检字法在编制著者号码时，依法编出号码，不另外编制著者号码表。有的是把所有著者姓氏依据某种检字法顺序编制一个具体的表,著者号码要根据这个表来编。

1. 四角号码检字法是属于前一类型的。

2. 拼音著者号码表是属于后一类型的。

伍 分类目录及其组织

一、分类目录概说

1. 分类目录的意义

分类目录就是为了实现把藏书内容向读者揭示出来,把优秀的图书推荐给他们。它是宣传图书和指导阅读的首要工具。

2. 分类目录的性质

分类目录不是图书馆藏书的清册,它不仅仅是一种参考工具,它是"为了读者的共产主义教育和积极协助社会主义建设而宣传图书,指导阅读的一种工具"。

3. 各种类型图书馆分类目录

由于不同类型图书馆的读者所需要图书的不同,兴趣的不同,因此,反映在各种类型图书馆分类目录中的图书,就不能用同一个尺度来处理了。

4. 分类目录与它种目录

分类目录对一般读者是最基本不可少的工具。但是,它的功用是有一定限度的。这就使图书馆有编制它种目录的必要了。字顺目录,专题目录,介绍目录,等都是与分类目录相资为用的。

5. 分类目录与杂志索引

期刊索引与读者分类目录是否合并排列,在苏联图书馆界有着不同的主张。一般认为在图书中对某些问题的资料还未能充分揭示出来的情形之下,就有必要把一些重要期刊论文及时的反映在读者分类目录中。

6. 分类目录的特点

综观以上各点,分类目录有着明显的特点。它是具有推荐性质的,它的内容与图书馆的类型是相适应的,可以把期刊中重要文章列入目录,可以能动的把必需的资料充实类目,它具有高度的政治思想性,同时也具有高度的组织性和整体性。

二、分类目录组织

1. 原则

分类目录是由馆藏全部优秀图书的著录或款目组织而成的,它的组织是有一定原则的,它必须在逻辑上有根据和在政治上是正确的。因此,在全国统一分类法没有公布之前,分类目录中所有著录的排列顺序就不能纯粹依照分类体系来组织了。

2. 著录

分类目录的形式最普遍的是卡片式。每一著录通常分做八项或八栏，它的排列，一般来说，是按照索书号码。

图书馆收藏一本有几种不同版本的书，每一版次都须做一个著录，把最后一版反映在分类目录中。但这不能机械的毫无变动的搬用于所有图书。

3. 提要

提要就是把一本书的大意，流别，优劣得失等叙述出来。这是分类目录中最艰巨而又最重要的一种工作，最能帮助读者正确的选择他所需要的图书。由于这个工作极费时间而且很难做好，一般图书馆只在每一类下面把它的下位类目列出来表示它的范围，在每一本书下面把它的目次列出表示它的内容。自然，这是不够的。

4. 互著

互著就是把一本对几个类都重要的书，在这些类都著录出来，这样，一方面使这本书的实际价值和内容得到应有的反映，一方面使这几个类的内容丰富了。

5. 参照

参照也是互著，但与互著不全一样。互著是对一本书来说的，参照是对一类来说的。它是为了节省互著的无数重复的一种方法。参照法把相关联的类联系起来，互相引见对于搜集资料是有很大帮助的。

6. 分析

分析就是把一本书里面个别篇章，或个别部分，或个别附录在性质上属于另一类的,"裁篇别出",即做分析著录把它反映出来。

7. 指导片

为了更好地揭示目录的内容,各图书馆都采用导片或指导片。这就更能显示出分类目录的系统性,更能指引读者利用目录快速的查到所需的资料。

1956 年 10 月 29 日完成

壹　绪论

一、学习图书分类法应有的认识

在学习图书分类法的开始,我觉得有提出这样一个问题来讨论的必要。我们首先要明确我们学习图书馆学的总目的。我们的目的是使图书成为人民大众的财产,通过图书广泛的传布马克思列宁主义,党和政府的政策,计划,等等,以及自然科学,工业技术,社会政治科学,文艺,历史等各种知识。

我们的民族有悠久的历史,也有丰富优美的文化遗产。这些遗产是我们的财富,是我们历代祖先的才能与智慧的表现,反映了我们祖先的生活,斗争,经验,等等。从这些里面我们可以看清我们民族发展的过程,得到许多启发,创造出更丰富更优美的文化。这是我们文化宝藏的一部分。另一部分是马克思列宁主义的经典著作,以及具有马克思列宁主义思想的伟大的建设作品,苏联科学,技术,文化成就的作品,与其他各国文化成就的作品。

图书馆的任务就是努力使这些宝藏得到最充分而有效的利用,推广最好的经验与先进的方法。即是说把有历史,学术,文化意义的图书,以及有助于建设共产主义社会的图书,介绍给人民大众,帮助他们掌握为完成建设共产主义社会所必需的知识与实际经验。由于图书馆具有这样的职能,因而能帮助人民大众有效地提高他们文化的水平,促进科学,技术,文艺,等各种学问的发展。新中国的建设给图书馆提出了这样一个严肃与光荣的任务,图书馆工作者将为完成这个任务贡献出他们的一切力量。

　　图书馆是一个研究所,一个学校,也是一个宣传机构。所以图书馆工作者的任务不仅限于图书的收藏和保管,同时更需做研究工作,教学工作,宣传工作。图书馆工作者负有满足人民大众对图书一切要求的使命,灌输他们共产主义教育的使命。要做好这些工作,就必须一方面学会全面的处理图书的方法,一方面学会辩证唯物主义,用唯物的观点研究读者的需要,满足读者的需要。这样就保证了图书充分的得到使用,帮助了人民大众完成政府所交给他们的一切任务。我们图书馆事业在今日获得了重大的国家意义。它的工作是两方面的:一是技术性的工作,即一般人错误地认为是图书馆唯一的工作。另一是教育性的工作,是图书馆工作的重心。而图书馆工作者无可否认的是图书馆事业的灵魂,所以必须是图书馆事业的建设者,发扬者,与爱护者。因此,就必须学会图书馆一切先进工作方法和理论以及运用这些方法和理论来完成自己的任务。图书分类是处理图书的主要工作,我们必须学会怎样分书,必须掌握分书所依据的工具——图书分类法。

二、什么是图书分类法

1. 首先我们说明图书的意义。图书是知识和思想的具体表现,是表达作者的某种愿望和目的,或是发扬别的思想家的学说和思想的。这样写著的图书和所依据的根源,它的作者,它的读者,构成了一个知识和思想的集体,互相影响,互相引证的阐明真理。我们说这样的书是有高度智慧的,因而是有实践效用的,是活的,有科学性的。这样的图书无疑的是学术一部分的叙述,那么,所有这样的图书排列在一起就是整个学术的叙述了。此外,还有许多是依图书外在形式或其他特征所写的书,都需排列在一起。依照什么样的次序来排列才是合理的呢? 无疑的,依照类别的次序来排列最是合理,即是说图书要分类。

2. 什么是分类?

(1)我国古代学者对于分类意义的说明。

我国古书没有分类的定义,就是分类两字连用的也没有。我引两家与分类意义有关的说法写在下面:

"荀子"正名篇:"故万物虽众,有时而欲遍举之,故谓之物。物也者,大共名也。推而共之,共则有共,至于无共然后止。有时而欲遍举之,故谓之鸟兽,鸟兽也者,大别名也。推而别之,别则有别,至于无别然后止。"

许慎"说文解字"叙:"方以类聚,物以群分,同条牵属,共理相贯,杂而不越,据形联系。""方以类聚,物以群分"是引"易经"系辞的,说明文字分部建类的道理。

"说文解字"刀部:分,别也。从八从刀,刀以分别物也。

犬部:类,种类相似,唯犬为甚,从犬类。

段注:种类相似,唯犬为甚,说从犬之意也。

(2)西方学者对于分类意义的说明。

我引用一家做例:

赖尔生说:"分类是把一些事物排列成类。这样某一群具有共同性的事物与另外一群具有共同性的事物就有区别。事物之间必须要有基本的共同性,那么才能分类。由这种共同性组成的类,同时又是较概括类的一环;或者说,同类的事物,分成若干纲。分类之称为'自然的',是依事物的内容分类;'人为的'是依事物的外形为分类的原则。既不是依内容分类,所以多少是任意的。"

这是对一切事物的分类来说的。分类就是依照一定的原则把事物分成若干类。每一类又分成若干较低的类,每一较低的类又分成若干更低的类,这样分下去构成

20

一个有组织的展开的体系。这个体系就是分类的根据。

图书分类法也是这样，它是根据图书内容和外形的同异这个原则而组织起来的一个展开的体系。这个体系是图书进行分类时所必须依据的工具，所以叫它为图书分类法。

三、图书为什么要分类？

这是有着重大意义的。除了用分类的形式外，就不可能使图书系统化，因此就不能更好地完成图书馆的任务。图书分类是有许多功用的，现从几方面来说。

1. 从图书本身方面来说。分类是把一本书的基本内容正确的揭露出来，使它能与同类的书排在一起，相关的书排在相近的地方。假使不分类，图书必然发生紊乱现象，这样就不能尽到它的效用。

2. 从图书收藏方面来说。图书分类之后，一看就知道图书馆某类拥有极丰富的藏书，某类还是这方面薄弱的一环，可以作为补充藏书的研究和根据。

3. 从编制分类目录方面来说。我们图书馆顶现实的任务就是普及文化的成就，把人类所创造的一切好的图书推荐给读者，更要宣传马克思列宁主义的经典著作，党和政府的政策，计划，等等，帮助读者树立科学的唯物主义的世界观。这些任务主要的是通过分类目录来完成的。而分类目录的编制是图书分类的结果。

4. 从图书管理方面来说。图书分类之后，就像"尚书"盘庚所说的一样："若网在纲，有条而不紊。"这对于图书的管理有很大的便利。不论图书的排架和出纳，藏书的整理和清查，或藏书统计报告和陈列展览，等等就都容易了。

5. 从分类工作者来说。图书进行分类可以养成分类工作者思想的习惯，提高他的政治觉悟，增加和丰富他自己的知识。

6. 从读者方面来说。分类是一种有次序的部勒工作，不这样，要想把同类或相似的图书汇集在一起，直是不可能。即是说，分类能使性质相同的图书汇集在一起。不但这样，并可从本类的书指引到与本类有关的其它各书，互为指引，是可引起读者兴趣，扩大他搜集资料的范围。

为什么图书分类能有这些功用呢？是因为像克连诺夫所说的一样："图书分类在图书馆的工作上是一种特别重要的有组织作用的基础。"图书经过分类的组织就排列在这样的顺序中，和这样的关系上，是满足读者对知识要求顶有效的一种方法。这种组织工作就是图书分类工作。

四、图书分类工作

1. 图书分类工作是图书归类工作

这与图书分类法工作是有区别的。图书分类法工作是以全体图书为对象的,图书分类工作是以个别图书为对象的。图书分类工作是依据图书分类法来把一本书归类,没有图书分类法,图书归类工作就成为不可能。图书分类法是图书归类工作的先决条件。但图书分类法的编制又以全体图书为先决条件,没有图书作对象,图书分类法就无从归纳成立门类。两者互为因果,互相依赖。

图书分类工作是一种细致的工作。把一本书分在效用最大的地方,最能反映出它的内容的特征,不是一件简单的事。这需要图书分类工作者有这样的修养,他不仅要掌握必要的一般的基础知识,能对图书内容的分析和解释有一定的认识,对分类法,分书方法的运用有一定程度的熟练,并且还要了解各种不同读者的需要。不然,就会把应该归在一起的图书分散了,性质相似的图书不能分在相近的地方,不同的读者就会感到同样的失望。图书分类的意义和价值是要根据图书分类之后所起的作用是怎样来断定的。这种作用又与图书分类法实际上是否完善有着不可分的关系。

2. 图书分类工作是图书分类法的实践

图书分类法本身是怎样是要通过图书分类才能检验得出来。图书分类法和图书分类工作之间的关系是理论和实践的关系,是辩证的关系。图书分类法是根据当代出版和存留的各种各类图书而编制的,因此,它是有时间性的。由于我们不可能把所有的图书列举出来根据编制。因此，它也不可能完备无缺。再者，时代是前进的，新的知识不断生长，这就使分类法在实际应用上有时感到不适合。因此，图书分类工作者虽能正确的掌握了一书的内容和把它归在那一类最是有用，但由于分类法上述的一些缺点，他就很难根据分类号码表达出这本书的真正意义。这就需要考虑加入新类目，或修改类目了。

能够做到这点是需要图书分类工作者对于分类法有特别的认识。不仅这样，他还需对某些专门知识有进一步的修养。只有具备了这些条件，他方能在图书分类的过程中检验出分类法的缺点，分类法才能得到修正和改进，一步一步接近完善的境地。今日我们有了编制统一分类法的机构，在有了统一分类法之后，它的修改补充应该由这个机构统一办理，私自修改是应该避免的。图书分类工作者的责任是把理论和实践统一起来，把一本书分在最适合的地方，同时提供改进分类法的意见。

3. 图书分类工作是政治性的工作

图书分类是图书馆执行自己任务的一种强有力的武器。组织藏书，编制目录，指导读者，等等这一切都必须配合国家的政治任务，离开了它就没有内容。这就赋予图书分类工作者很鲜明的政治任务了，他与所有图书馆工作者都负有这样的使命："把图书馆变为真正的政治传导者，变为国家宣传共产主义的机器，变为活跃的社会主义文化基地。"

因此,图书分类工作者必须具有高度的文化水平,在政治上有修养,他的全部工作必须贯注着社会主义思想和爱国主义精神。在他面前摆着这样一个重要而光荣的任务,他就更要不倦的加强政治学习,一般文化学习,和业务学习。

五、怎样学习图书分类法

学习图书分类法是分三个环节来进行的:讲课,实习,和课堂讨论。

1. 讲课

讲课是全部学习过程中最重要的一个环节。它是一条知识输血管,把图书分类法的基本知识教给学生,将来到工作岗能处理图书分类的实际工作问题。因此,学习图书分类法:

首先就要研究图书分类一般性的理论问题:图书分类的目的,意义,功用,等等。

再研究图书分类法的结构,它的组成部分:它的体系是以什么理论做基础? 采用什么序级符号为号码? 等等问题。

再研究怎样把图书分类法应用到具体的图书,即图书分类方法的问题。

再研究什么样的著者号码最是适合的问题。

再研究怎样编制图书分类目录,使图书起到应有作用的问题。

2. 实习

学习图书分类法专靠讲课是不够的。因为图书分类工作是把分类法应用到具体图书的工作。因此,在学习分类法时必须学习实际的分书,即实习。这样,学生才能获得分书的初步经验,使在讲课过程中获得的知识巩固下来,同时对上面所列举的问题在实践中得到明确的认识或理解。

我们实习所根据的图书分类法是最近编印的中、小型图书馆图书分类表草案初稿。

3. 课堂讨论

图书分类法是一门理论联系实际的课程。因此,除实习外还有课堂讨论。课堂讨论对于学习图书分类法有着重大的意义。通过这种形式培养学生运用所获得的知识,发挥独立思考能力,进行有科学论据的讨论,来提高学习质量。

讲课,实习,课堂讨论,学生自修也包括在内,是保证学会这门课所规定全部知识的三种形式,在学习的过程中是不容忽视的。

贰　图书分类法的组成部分

图书分类法与它种分类法基本上的不同点在于它的特殊结构:有分类表,还有号码,辅助表,和索引四个组成部分。现分别叙述如下:

一、分类表

分类表是由许多类目根据一定的理论依照一定的原则组织而成的分类体系。它是图书分类法最主要的部分,是需要较长的篇幅来研究的。

1. 理论根据

我们所说的理论是马克思列宁主义理论,它是一切科学的基础。图书分类体系必须建立在这个基础之上,才有可能达到我国图书馆为人民利益服务的任务。要建立这样一个分类体系,学习毛主席和恩格斯对于分类的科学原理会使我们正确地解决这个问题。

毛主席说:"什么是知识? 自从有阶级的社会存在以来,世界上的知识,只有两门,一门叫做生产斗争知识,一门叫做阶级斗争知识。自然科学,社会科学,就是这两门知识的结晶,哲学是关于自然知识和社会知识的概括和总结。"

这与恩格斯对于物质运动形态正确的科学的分类是一致的。恩格斯把所有物质运动形态分为:1. 机械的,比方,行星的运行,子弹的运动,以及其他大小物体在空间的移动。2. 物理的,比方,热,光,声,电,磁,等等运动。3. 化学的,比方,原子的化合与分解,物质的互相转变。4. 生物的,比方,新陈代谢,生长死亡,等等。5. 社会的,比方,生产力与生产关系的发展,阶级和阶级斗争,等等。6. 最高和最复杂的各种物质运动形态,思维运动,比方,从古代唯物论和辩证法,到唯心论,再到辩证唯物论。

1. 至 4. 是自然界的运动形态,5. 是社会的运动形态,6. 是思维运动形态。恩格斯这样根据唯物辩证法的原理解决了分类问题,这个问题在他以前是没有人能解决的。根据这一客观标志——物质运动形态——一切科学可分为三大类:自然科学,社会科学,和哲学。

一种适用于新中国图书馆的分类体系,必须以这三类为基本序列是无可置疑的。

根据物质运动形态从简单的,低级的到更复杂的,高级的发展规律,我们把最高和最复杂的物质运动形态排在最前列,再依次到低级的,简单的物质运动形态。那么,这个基本序列的顺序就是:哲学,社会科学,自然科学。

还有一类综合性的依写作的形式或体例而编的图书不属于学术的体系，不能分入上列任何一个基本类目，所以独立成一基本类目。图书分类体系因此以这四类为基本序列：哲学，社会科学，自然科学，总类。我们叫它为"四分法"。

中、小型图书馆图书分类表草案初稿在这四个基本类目之外，另加马克思列宁主义一个基本类目，总计五个基本类目，叫做"五分法"。理由如下：

"马克思主义是关于自然和社会底发展规律的科学，是关于被压迫和被剥削群众革命的科学，是关于社会主义在一切国家中胜利的科学，是关于共产主义社会主义建设的科学。因此，我们把马克思列宁主义放在五部之首。"

"根据毛主席对于知识分类的指示，我们把自然知识和社会知识的概括和总结的哲学放在第二，阶级斗争知识的社会科学和生产斗争知识的自然科学放在第三第四。"

"对于内容众多而无专属的综合性图书或仅作工具的普通参考书放在最后。"

我们的意见是有分歧的，以后再讨论。

中、小型图书馆图书分类表草案初稿根据所举的理由成立五个基本类目，再根据这五个基本类目各自专门领域的划分确定二十个大类如下：

马克思列宁主义

哲学

社会科学

历史

经济

政治

法律

文化、教育

语言、文字

文学

艺术

宗教、无神论

自然科学

数理科学

地质、地理科学

生物科学

医药科学

农业科学

技术科学

综合性图书

二十大类的系统性是怎样,草案初稿没有做说明,这是不够的。从二十大类再行逐层细分,这样组织成为分类表。分类表的组织是有一定原则的。

2. 组织原则

我们图书分类法的体系是以马克思列宁主义理论做基础的。因此，一切原则性的决定都从这个基础上出发。分类表的组织所遵守的一些最基本原则也是建立在这个基础之上的。这些原则都是从存在的形式引导出来的，是时代的产物，是以现实为依据的。

这些原则就是：阶级性，国家性，科学性，连续性，和统一性；总括地说就是：思想性和技术性。

所谓阶级性是说我们的分类法是为谁服务。必须明确，它是为工人阶级服务，从而在分类表中显示出马克思列宁主义的优越性，贯串着阶级斗争的精神。也就是说：把关于马克思列宁主义理论的类目，以马克思列宁主义世界观为唯一指南的类目，进步派别的类目，以及新时代各类类目（第一级，第二级，等等类目）排在首要地位，把作为揭发和批判对象的唯心主义的，形而上学的，以及各种反映资产阶级反动和剥削意识形态的类目排在最后。

所谓国家性，无疑的是说我们的分类法是为我们的图书馆用的，是从一般图书馆而不是从个别图书馆的要求出发的，是和我们的藏书不可分割的联系着，把关于我们的图书排在前列地位。

它的科学性要求它要以社会发展规律为出发点，在编制分类表时要预计到类目的增改不致使它的体系整个改编，同时又不破坏它的体系的逻辑性。

这些基本原则决定了分类表的主要内容,它的战斗性,普遍性,以及预见性。

由于有了这些基本原则我们的分类法在本质上完全不同于一切资产阶级的分类法。以上所讲的都非常明显的表现了这点。因此,这里所讨论的是它的另一方面的问题,如何使类目在其排列的顺序中,在其相互关系上表示着连续性和统一性,或者说,如何使分类表的排列具有一种有条理的可以理解的性质。

这就引起了这样的问题:技术性的问题,它是分类法工作者所遇到的一个很困难而又不能不研究和解决的一个有关键性的问题。在研究和解决这一问题,就必须从客观实际出发,即从图书本身出发。

从理论上来讲分类表应该根据所有具体的图书来编制来组织。但这是不可能的。我们在前面已讲过。我们不可能把世界各国所有出版的图书列举出来,这也不需要。因为中心问题不在于罗列一切的图书,而在于:用科学的理论做基础把各种各类的图书依照图书的内容和图书特有的形式组成一种体系来部勒图书。

图书从类别来看是多种多样的。这样纷纭繁多的种类是按其内容的特征由总体到个别逐层来区分的。

所谓内容的特征是指这一类之所以区别于其他各类的一种基本属性,即是说把属性相同的分做一类。图书分类表主要的是根据各种不同的属性逐层的区分为第一级,第二级,第三级,等等各级类目。类目和类目之间的系属关系也是本着这种原则来进行的。

比方,植物类分为隐花植物和显花植物。显花植物分为裸子植物和被子植物。被子植物分为单子叶植物和双子叶植物。双子叶植物分为离瓣类和合瓣类。离瓣类分为中子纲,毛茛纲,蔷薇纲,等等。毛茛纲分为睡莲科,毛茛科,木兰科,腊梅科,等等。

再如脊椎是脊椎动物的基本属性,是脊椎动物和无脊椎动物区分开来的一种特征。

再如创造生产工作和生产资料是人的基本属性,是把人同动物区分开来的特征。

再如交换值是货币的基本特征。

分类表类目的区分主要的是以这种基本属性或类别做标准的,这也构成每一级类目和其上下级类目的系属关系。所谓上级类目或上位类就是被区分的母项,下级类目或下位类就是由上级类目区分出来的子目或子项。从上级类目区分出来的各类目之间的关系不是从属关系,是并列关系,它们是同等类。这是从图书的类别来区分的。

但是,仅从类别上来区分是不够的,必是进一步从图书内容范围方面,外部形式方面,读者对象方面,等等各方面的特征来区分。

我们都知道任何一本图书在内容范围上必然的涉及

一种或多种题材,其中有些是有国别性或区域性的,有些是有时代性的,有些在语言文字上是有区别的,有些是集体的创作,有些是个人的专著,有些限于一种文体,有些包括许多文体。

即是说一本书的排列可以是多次式的:可以是国别的,时代的,或其他形式的。因此,分类表相应的采用国别或区域,时代,语文,合著,专著,文体各种不同的区分方法。

比方,历史,哲学,以及其他各类之有历史性的都可依国别分,国别之下必要时依时代细分。文学一类的书是不能依内容来分的。因为文学的内容所反映的:或社会问题,或历史事实,或生活认识,或暴露社会罪恶,或反映革命思潮,所以不能依内容分,只有依文体分。

除了采用这些方法区分外,还要采用字顺,读者,版本,等等方法。比方,在生物学,种类是采用系统分法,科属则按其名称的字顺排列,无机化合物也是按元素的化学符号字顺排列的。儿童读物是以读者的需要作标准,善本书是以版本作标准来区分的。此外,还根据各类特有的情况采用不同的区分方法。比方,在医药科学类除了采用类别方法区分外,还采用人体部位区分法。

总之,分类表所根据的特征是多式多样的,各类都需根据各自不同的特点采用不同的区分方法。由此可以看出只有结合这些各式各样的不同的特征于统一的分类表,才能适合于多样性复杂性的图书的分类。

在分类表的每一级的类目中,或每一阶层划分的进程中,不论采用那一种特征来进行,不应变换这个特征。这是一般性的规定,为要利用剩余过多号码的关系,在同一阶层上也可采用不同的特征,但必须是:具有不同特征的类目要上下分列,无相混合。

此外,在同级类目之间必是互相排斥。比方,无机化学分为非金属元素和金属元素。这样分类是科学的,是根据最本质的特征来分的,所分出的类目是互相排斥的。非金属元素不能同时是金属元素。每一种元素不是属于前者,就是属于后者,而不能既属前者又属后者。

由于分类表全部的组织不是一次式的,而是多次式的,也由于类目间的交互关系,不可避免的同一类目往往列入两个或更多的门类。比方,地理是叙述地面上一切现象的科学。它是一门综合性的科学,所叙述的事实是以天文,物理,地质,海洋,气象,生物,人类,经济,政治,文化,文物,等等所得的结果为内容的。每一与它有关的科学都分别作独立的研究,所以有天文地理,自然地理,生物地理,经济地理,政治地理,土壤地理,等等。这些专门地理在地理类在各该专类都列为类目。

同样,原子在物理在化学都列为类目,西方哲学在哲学史在西方哲学,昆虫动物学在农业动物类,比较解剖学在物理和构造动物学在医药科学在兽医都列为类目。

为了把这些类型的相关类目联系起来，同时便利分类时的选择和参考，因此，在这些类目下注明互见，见，宜入，参见，等等字样。类目下注有互见字样的，必须根据书的性质选择其中的一个。

那些类目需要或应该注明互见字样是要看类目的基本特性来定的。原子这一类目就是一个具体的例子。原子的研究，有物理方面的，也有化学方面的。一般分类法针对这种现象在物理和化学两类都列一原子类目，下注互见——字样。

有些类目在这一门类应该列为类目，在另一门类也应列为类目，但以分入这一门类较宜，所以在另一门类之下注明见或宜入字样。比方，西方哲学史在哲学史和西方哲学之下都应有类目，一本西方哲学史的书以分入西方哲学之下为宜，所以在哲学史下注明西方哲学史见——。

有些类的书很容易和另些类的书相混，分类时必是互相参见才能决定，因此，在两方类目下注明参见字样。一本关于昆虫学的书应该分入动物学还是应该分入农业动物类是要根据书的本身以及图书馆的性质来定的。

二、分类号码

今日我国图书馆藏书的数量多至几百万本，这些书都要排列起来才便利应用。按照什么样的次序排列最能收到这种效果呢？无疑的，按照类别顺序即分类排列是能使各个图书以及与其有关的各个特别问题的图书排成这样的顺序，一看就知它们之间的联系，这样就得到应用上的便利。分类排列已成为图书馆界颠扑不破的定论了。图书分类要依照图书分类法，前面已经讲过。图书分类法的体系就是图书在书架上顺序的反映。

一本书的类属关系和顺序要在这本书上标志出来才能排架。单看这本书的书名，既看不出它的类属关系，也不能明白它的先后顺序。因此，我们是不能根据书名来排列的。

图书既然根据分类体系来分，那么，能不能把类目写在书上按照类目来排呢？不能。

类目是知识门类的符号，不是序级先后的符号，把类目写在书上，一般的说只能告诉我们这本书的内容，不能告诉我们它的先后顺序。

唯一的方法是：用一种序级符号来代替类目。一本书有了这种符号，它在书架上的顺序先后就可以确定了。

代替类目来使用的符号我们称为分类号码，它的功能是使类目先后的关系清晰的得以表现出来，同时使图书在书架上的次序一望就知它的先后。

采用什么样的序级符号对于我们来说最是适合，或者说具有什么样要素的符号才是好的号码。现行图书分类法所采用的号码有三种制度：字母制，数目制（指阿剌伯数目），字母和数目混合制。

采用纯粹字母的很少，极个别。采用阿剌伯数目的比较多，因为阿剌伯数目已成为世界上通用的符号，比起任何一种序级符号，一二三四，ABCD，Ⅰ Ⅱ Ⅲ Ⅳ，等等应用的范围都普遍得多，广泛得多。谁学过算学的，谁就懂得它的先后次序。从结构上来说比起其它序级符号也简便得多。它之具有世界性，不是偶然的。

但是，阿剌伯数目只有十个，分类法大类不能说也只能是十个，有的分类法有十七个大类，有的有二十个大类，或更多更少的大类。超过十个大类就不能用个位数了。因此，不能表现出大类的级位，同时细分时使号码的长度加长。这是中小型图书馆图书分类表草案初稿之所以采用混合制的道理。

草案初稿认为混合制的号码：第一，简短；第二，能明确的表达出类目的级位，有几位就代表第几级，但不是绝对的；第三，有伸缩性。混合制的号码是比较简短，但不能明确的表达出类目的级位像草案初稿所说的那样。四个基本类目（草案初稿是五个）和二十个大类级位是不同的，而号码呢则是同级位的。同样，中国史和中国近代史级位是不同的，而号码 D2 和 D3 是同级位的。这是很明显的例子，说明混合制还没有做到表达出类目级位这一点，至于第三点，数目制和混合制都有伸缩性。

再一点，混合制不普遍，使用起来有困难。为小型图书馆使用便利,草案初稿提出"类码的代号"办法,比方,用1—代表 A,2—代表 B,3—代表 C,……20—代表 Z。为什么用1—,2—,3—………20—来代替是需要商榷的。

分类号码在目前来说确是一个问题。究竟采用那一种序级符号最能适合于我们的要求。我们不可能使号码完全和分类体系的级位相适应,因为任何一种序级符号都是固定的,而分类体系不是固定的,它们之间在本质上是不相同的。假使世界上有这样一种序级符号和分类体系的划分完全一致,我们一定采用。但是,世界上没有这样的符号,也不可能有这样的符号,这就使号码或多或少的要受到一定的限制,同级的类目有时要用不同位数的号码来标志。

这自然是违反了号码的逻辑性。但号码是用来代替类目的,它的逻辑性不是我们的主要目的。为了适应类目的需要,有时在方法上是可以允许违反的。不过,在编号的过程尽可能注意和保持它的逻辑性。混合制和数目制都是这样的。

对于混合制的号码(字母和数目并用)还有一点需要提出。在数目前或后加上别种符号,不论是括弧也好,短横也好,三角,井字,等等也好,写认用都不方便,次序更不自然,因为它们不是一个序级的符号。分类号码愈单纯愈简化,工作效率就愈高是一定不移的道理。草案初稿对于号码的问题必须从多方面来考虑。

三、辅助表

分类表中许多许多类目是采用形式的,区域的,时代的,语文的,等等细分的。所有这些都得立为类目,占一位置。这就引起了这样的结果:类目的无数重复使分类表的体量特别增大了。各家分类法为了减少成千累万的重复,从而节省编写,印刷的劳力,节省分书时间,依照各自的特征编制各种细分表,作为分类表的辅助表。

这样,只要在类目下注明按照某辅助表细分字样就可以了。凡是采用同一辅助表的类目,它下面的细目在顺序上在号码上都是相同的,一致的,一致性是它的基本特征。这就对于我们的记忆和运用有着很大的帮助。

因为它含有助记的性质,所以也叫助记表。

辅助表的采用在种类上各家分类法都不相同,应用的范围也不一样。主要的有这样几种辅助表:形式细分表,地理或国别细分表,还有它种辅助表。有的辅助表可适用于任何类目,有的只可适用于若干特殊类,不适用于其它各类。

中、小型图书馆图书分类表草案初稿只采用一个辅助表。假使结合它的整个体系,所采用的符号,以及实际的需要来看,一个表是不够的,主要的二种辅助表是需要的。现把它们的意义和性质分别说明如下:

1. 形式细分表

每一门科学都可能有这样体裁的书,比方,目录,字典,杂志,年鉴,丛书;以及这样写作的书,比方,原理,概论,评论,研究,历史,等。每一门科学的这一类型的书都是同一形式,图书分类法利用这种形式编制一种形式细分表。这个表和总类在范围上是不一样,但在意义上却相同,类目名称很多都相同。因此,相同的类目在顺序上,号码上都应相同,才具有助记的性质。

中、小型图书馆图书分类表草案初稿不是这样的。比方,年鉴的号码在综合性图书类是 Z3,在一般复分表(即形式细分表)是 07;杂志的号码在综合性图书类是 Z4,在一般复分表是 07;丛书的号码在综合性图书类是 Z7,在一般复分表是 08;论文集,杂著在综合性图书类是 Z6,在一般复分表是 08。

很明显,在 Z 和在 0 之下它们的号码不一致,它们之间没有助记性。不仅这样,杂志和报纸,论文集,杂著和丛书在综合性图书类号码是不同的,但在一般复分表是同的。为什么要这样没有说明。是不是因为它们在顺序上在号码上相同了就是形式主义呢?我不这样看。我在上面讲过综合性图书类和一般复分表在意义和性质上是相同的,应该尽可能在顺序上在号码上取得一致,目的是为了增加分类工作的效率。

2. 国别细分表

经济,政治,法律,军事,教育,地质,动物,植物,等等,不论那一门学术,凡含有地域性的,一般的说都需依国别或地理细分,才可表示出它的地域特性。

由于含有区域性的类目比较多,编制一个国别细分表是有其必要的。有了这个表,凡类目需要依国别细分的,其下都注明"依国别细分表"字样。自然,像哲学,历史,语文,文学,等等已是依地域列为类目,不再应用本表。

这个表是以国家为次序而编的一个表。国家次序的排列我们是不能同意资本主义国家分类法传统的把欧洲美洲某几个国家作为重心,列在首要地位,说是甚么:从重要的到不重要的,从先进的到落后的;或是掉过头来从不重要的到重要的,从落后的到先进的。

苏联图书分类法草案把现代所有国家一律放在平等的地位,最是正确,它反映出整个世界各国的关系是平等的。

中、小型图书馆图书分类表草案初稿没有国别细分表。国家次序的排列在哲学类是:中国,俄国,东方各国,西方各国。在历史类是:中国,苏联,其它各国。在经济类是:中国,苏联,人民民主国家,资本主义国家。在语言文字类是:汉语,俄语,英语,德语,法语,西班牙语,日语,其它。在文学类是:中国文学,苏联文学,东方各国文学,西方各国文学。这些不同的排列是否都正确以后再讨论。

至于若干类目需要依国别细分的依照那一种次序细分呢没有规定。在政治类 F24 人民民主国家照 E4 国别分，F26 资本主义国家照 E6 国别分。是不是所有需要依国别细分的类目都照 E4 或 E6 细分呢？不知道。

我认为采用社会制度把各国分为：人民民主国家，资本主义国家，在今日的政治形势来看是正确的。它可适用于一部分的类目含有区域性的划分，不过，不能适用于另一部分。

比方，政治经济学，法律，教育，等等的研究是以社会制度为出发点，反映人民民主国家经济制度，法律制度，教育制度，等等的优越性，是不应该用一个尺度与资本主义国家的制度混同起来。这些类目采用社会制度来划分是正确的，也有这样划分的必要。

但另一部分类目，比方，地质，人种，动物，植物，等等是不能采用社会制度来划分的。我们不能说英国的地质，人种，动物，植物，等等是资本主义国家的，我们的是人民民主国家的。

因此，我认为：含有区域性的类目中，凡以社会制度而不是以国家为研究对象的，反映社会制度特点的，都按各自的情况直接把细目列出。其它则采用国别细分表。根据中、小型图书馆图书分类表草案初稿编类的情况来看是有这个必要的。

3. 其它辅助表

除了以上两种辅助表外，还有时代细分表，文字细分表，语言细分表，文学细分表，等等。这些表都没有编制的必要。就以时代细分表来说吧。

由于历史的过程在每一个别国家中都不相同，它们的历史时代的划分自然就不一致了。所以，把任何一个历史时代的划分作为所有国家历史时代划分的基础是不适合的。

我们看中国人民大学图书馆图书分类法国际时代表的划法，它把历史时代划分为：1.古代（公元前一——五世纪末）为原始社会与奴隶社会时代。2.中世纪（五世纪—十八世纪中叶）为封建社会时代。3.近代（十八世纪—二十世纪初叶）为资本主义社会时代。4.十月革命以后（1917年以后）为社会主义社会时代。除中国与苏联外，其它各国历史时代的划分都按照国际时代表。

马克思的社会发展规律是一般性的，它没有否认世界任何一国的特殊性，也没有规定也不可能规定每一个国家一律相同的从某时期到某时期为古代，中古，近代，现代。

用社会制度的过程做社会发展的标志是绝对正确的，但用来做所有国家时代划分的标志在现时来讲是不适合的。假使这样，许多国家没有现代史，也有许多国家没有近代史了。

我们再看苏联图书分类法草案时代的划分。古代史

（奴隶制度），中世纪（封建制度）第五世纪—1640 年，近代史（资本主义制度）1640—1917 年，现代史（资本主义总的危机与两种制度斗争时期）从 1917 年起—。并指出把这一历史时代的划分作为其它国家历史时代划分的标志是不适于它们历史发展过程的。

由此可见，我们不可能编一国际时代表完全适合所有国家历史发展的过程。因此，凡类目中需要依时代细分的，就根据各自的特征把细目列出：依世纪分，或朝代分，或依社会制度分。

至于所谓文字细分表，语言细分表，文学细分表，我在前面讲过没有编制的必要，可仿我国或苏联语言文字学，文学类目细分。

四、相关索引

分类表包括各种知识门类的全体，它们是排在这样的顺序中和相互的关系上，使着图书的题材成为一种有系统的排列。

由于一本书在架上只能放在一个地方，从而分类表所反映的就不可能是各门知识的全部相互关系，而是最主要的关系。也就是说分类表所反映类目的相互关系要受到实际应用的局限。

因此，不得不利用别种方法来补救，使它更好地为用者服务。这种方法就是编制索引。索引有两种：单一式的和相关式的。单一式索引对于每一类目只作一个著录。但是,讨论一个问题的书在理论上,应用上,系属上各方面都是有的,不能统统用一个著录来索引。必是在一个著录之下把相关联的类目汇列一处,成为相关式索引。即是说,相关式索引也是一个著录,不过,这个著录的各方面或有关联的类目都列在这个著录下面。因此,在效用上起着很大的作用。它是比较完善的一种索引。它和单一式的索引一样是依字顺次序排列的,每一个著录以及这个著录之下的各方面或有关联的著录,后面都列有分类号码,是用来查原分类表的。

我们说相关索引是分类表的钥匙。没有相关索引,任何一种分类法,甚至一种好的分类法是要丧失它的一半价值的,它是分类法不可缺少的一个组成部分。

分类表的范围涉及了学术的全部,分类工作者要想全部掌握和熟悉确是一件不容易的事,也可说不可能。许多许多科学方面的专门类目也不是分类工作者所能都知道的,因此也就不知道某些类目属某些类了。他不知道一本专门性的书讨论甚么,应该分在那一类是常有的事,于是也就不知把它分在那一类。有了相关索引,这些方面的困难是可以克服的,虽然不能全部克服。

此外,一本书的题材虽然知道是属于那一类,比方,妇女参政是属于政治方面的,但它的号码是什么就不容易记清楚了。这固然可以在政治类前后翻查找出它的号码,但查相关索引就更快了,并且还可知道在那些相关类目找到更多的材料。

一本书的题材有时可以分到两个或以上的类,不熟悉这些类的分类工作者,要想他选择其中的一个最能表示这本书的特点是不容易的。有了相关索引也就可以帮助他克服这种困难了。

此外,还有这样的现象,不同的分类工作者,或同一个分类工作者在不同的时候可能把同一本书或同性质的书分到不同的地方。一个分类工作者在同一个地方担任同一个工作许多年,分书一致的程度显然要高些,但仍然有把同一本书或同性质的书在不同的时候根据不同的观点分在不同地方的危险。

我们都知道一本书的内容不都是专论某一问题的某一方面,它往往涉及了一个问题的几个方面。假使在这一年都在讨论这个问题的某一面,分书时自然会根据这一方面来分;但在第二年大家讨论的是这个问题的另一面,分书时又会根据新的观点来分了,于是同一本书或同性质的书就会分到不同的地方了。

但事实上除了分类工作者缺乏专门知识外,同性质的书常常分到同一个地方。其所以能这样的,相关索引是一个因素,它也是为了满足这样的要求而编的。它具有这样的特征能使有关某一问题的同一方面的书分到同一个地方。正确的运用这一工具能使分类工作者以及读者获得很大的便利。

从上面所列举的几点可以清楚的看出：相关索引在分书过程中的实际意义，它的重要性和必要性是无可争辩的。

自然，编制一种精确，全面的相关索引，这种工作是非常繁难的。不只是把分类表已有的类目及其相关的类目列入，也要把不同名称的类目，相关联的类目分类表没有的都列入。这就不容易了。

资本主义国家的杜威法相关索引是经过长期的研究，各大图书馆提供材料，以及许多专家的帮助才有今日的面貌。但还不能达到精确全面的要求，也不可能达到这个要求，这是由于为它的阶级性所限制。

我国各家分类法的索引都因缺乏经验自然不够精确全面了。我们盼望很久的全国统一图书分类法不久就要出现了，我们相信这个分类法一定有一个完善的相关索引。但必是结合各方面的力量，在各方面所积累的经验基础上，才能编出这样的一个索引。

有了这样的索引，分书，找书，以及使用分类表都有很大的帮助。不过，我们要知道索引只是使用分类表的一种辅助工具，当然它也是分类法的一个组成部分。分书找书先查索引是会减少不少时间和劳力的，但号码的决定就要根据分类表本身了。不然，直接根据索引来决定号码可能发生错误。一个类目不是有它的上级类目，就是有它的下级类目,它们是有系属关系的,这点已在前面讲过了。再者,同是一个类目,含义却有不同。所以,分书要能正确,一定要根据分类表。

此外,还有图书分类规则,是帮助分类工作者决定一本书应该怎样分法,是必须学会的。

叁 图书分类方法

　　我们统一的图书分类法目前还没有正式公布,已经采用了的分类法必须继续采用。因此,图书分类工作者对所采用分类法的体系是怎样组成的? 类目间关系怎样? 采用什么符号? 怎样用法? 以及类目下注解或说明等等首先要有明确的了解,即是说要熟悉怎样运用这个分类法。其次,就要熟悉图书分类工作的三种程序。因为图书分类工作者必须把每一本书分得恰如其当,要能表现出这本书基本实质,合乎图书馆工作的要求。要做到这点是不容易的。图书分类工作者在长期的实际工作中,摸索出一些处理方法,订立了许多规则。这对于怎样分一本书分得正确,尤其内容复杂的书,是起决定性作用的。这些方法我们称为图书分类方法。

　　图书分类方法一般的说有三种:有一般性的,即图书分类一般规则,对于任何一类的图书都适用。有专门性的,即各专类图书分类规则,只适用于某一专类。还有分书时怎样决定一书内容的基本原则,是我们必须遵循和首先要研究的。

一、怎样决定一本书的内容

图书分类是以内容为主要标准,其次才是形式,地域,时代,语文,等等。因此,分书时:1. 首先就要确定它的内容。这就涉及了这样的问题:这本书写的是什么?它的答案基本上决定了它应该分在那一类。2. 其次要问:它是用什么形式写的? 是用理论的,叙述的形式写的呢? 还是用文艺的形式写的,还是用其它形式,比方,字典,丛书,等写的。这就决定了它是否采用形式细分表来分。3. 我们还要进一步问:这本书的目的是什么? 它的政治思想性是怎样? 即是说它是为谁写的,为谁服务? 这就决定这本书应该分在这一类的首要地位呢? 还是排在最后作为批判的对象。

怎样解答这些问题,是有一定步骤的。首先看:

1. 书名。一般的说我们可以从一本书的书名可以知道它的内容是什么,比方,斯特罗果维契著"逻辑",我们一看书名就知道这本书的内容是逻辑,它的号码是 B6,邓初民著"怎样培养青年的共产主义道德品质",就要分入 B7。

但是,有些书的书名就不能这样正确的表示它的内容。比方,奥斯特洛夫斯基著"钢铁是怎样炼成的",假使只看书名可能把它当作一本冶金的书分在 U65,实际上它是一本小说，它的号码是 K65。再像陆侃如著"屈原"和郭沫若著"屈原"不能用一个号码来分。两本书的书名虽是一样，但前一本是传记要分在 K52，后一本是话剧，分在 K56。再像 FINE 著"OOLLEGE ALGEBPA"，陆子芬译为"高中代数学"，沈璿等译为"范氏高等代数学"，高佩玉等译为"汉译范氏大代数学"。同一本书而有三种不同的译名。假使仅看书名，由于译名不同，可能分在不同的地方。还有这样的情况，书名所表示的范围要比书的内容广些或狭些。所以分书不单是根据书名，还要看：

2. 目次。目次是一本书的缩体，由目次可以知道一本书的内容是什么。比方，白居易与孔传的"白孔六帖"一书，从书名看来，好像是一部书法的书，但是看了它的目次，才知道是一部类书，所以分在 Z2。

假使看目次，还不知道书的内容是什么，就得看：

3. 章节标题，或眉端标题。没有章节或眉端标题，就看：

4. 序跋，导言。中国古书很少有目次，但多有序跋。新书除序之外还有导言。序跋和导言总是把一本书的内容，或作者的目的，或写作流传经过写一个大概。

5. 参考书。假使用尽上列方法还不能知道这本书的内容是什么，就要参考分类目录，书目，人名字典，百科辞书，书评等等参考书。

6. 内容。要细看书的内容才能知道一书的主要题材时,只好细看内容。比方,王充的"论衡"一书,看了它的内容后,才知道是一本反对神秘主义和唯心主义的哲学书,应该分在 B32。

7.专家。有些书太专门,不能知道它的内容,必须请教专家来确定内容。

图书内容确定后,再才分类。怎样分类,我在前面讲过是要根据图书分类一般规则和各专类图书分类规则来分的。

二、图书分类一般规则

一般规则是根据图书写作的方式而制定的。图书写作的方式是各种各样的:有的图书只研究一个题材,有的则研究两个或更多的题材;有的只涉及一个题材的一面,有的则涉及这个题材的几方面;有的是从发展演变的过程叙述一事的原委,有的则从理论思想方面作深入的研究;有的是用索引式的体裁写的,有的是用表册式写的。这些各种各样的方式总的来说可以分为内容和形式两方面,是每一类的图书都有的,每一类的图书都能适用。

1.内容方面

在这方面分为:(1)一本书研究一个题材,(2)一本书研究两个题材,(3)一本书研究三个或更多的题材。

(1)一本书研究一个题材。这个题材可以是一个问题,也可以是一个问题的一面,或它的个别问题。分类时就要根据各个具体内容来分:是研究化学的分入化学 P5,研究化学一个特别问题的,比方,有机化学,分入有机化学 P56,研究这个问题的个别问题的,比方,碳化氢,就分入碳化氢。这是从化学方面来研究这个问题的。但是,碳化氢也有从矿物学方面来研究的,那就要分入矿物学;还有从地质学方面来研究的,就要分入地质学。原子能也一样可以从物理,化学,工业,政治,军事各方面来研究。这是说对于同一个问题可以从不同的学科来研究,各自写出个别的书。分类时,必须分别各入其类,不能统统分入一类,除非分类法规定某一特殊问题需要集中分类。

一本书兼论一个题材的理论和应用,分类表对这个题材的理论和应用都列有类目,假使是以实践的结果来肯定理论,像"米邱林学说的理论与成就"一书,就分入理论部分 R1,不分入 T41。假使是用理论来说明应用,像"米邱林少年园艺学",就分入应用部分 T7。假使分类表对某题材只列有一个类目,就不分理论和应用了,比方,"共产主义青年运动的理论与实际",分入 F4。

假使是研究科学所得的结果,依所研究的主题分,不依所用的材料或研究的方法分。比方,"全国电灯协会物理实验室简报",虽然是物理的研究,但是关系电力应用,所以分入电灯 U34。

假使是从几方面,从几种学科研究同一问题而写的一本书,分类时就要根据它的本题来分。这一类型的书很多,我国的方志,科学常识,等等都是。

（2）一本书研究两个题材。这一类型的书通常用"与","及","和","或","还是",等表示出两个题材之间的关系。是什么关系呢?

甲、同一关系。两个题材所指的是同一个对象,虽然其中一个不是全面的表示这个对象的所有内容（那是同一个东西的两个名词）,只是从一定的角度,为了一定的认识的目的来显出它的本质的,依内涵较全的一个分。比方,"帝国主义与战争"一书分入帝国主义。

乙、并列关系。比方,"隐花植物和显花植物"一书所研究题材的相互关系是并列的。它们所指的或所研究的是不相同的对象。但它们有一部分属性是共同的,它们都有植物的共同属性。分类时,依第一种分,除非第二种的确重要些,或篇幅特别多。

两种单行本合订成一本的书同样处理。

丙、从属关系。一个题材是另一个题材的一部分,即是说这本书所研究的题材一个是上位类,另一个是它的一部分,依上位类分。比方,"电工学及无线电工学教程",无线电工学是电工学的一部分,所以分入电工学W14。

丁、对立关系。即所研究的题材是互不相容的,不调和的。分类时依著者所赞同的分。比方,列宁著"唯物论与经验批判论",唯物论是列宁用来否定经验批判论的,所以分入辩证唯物论 B1,或分入 A22。

戊、因果关系。即是说一本书所研究的一个题材是另一个题材的原因或结果,依结果分。它们的关系是互相依存的,互相联系的,是不依赖于我们意识而实际存在的客观联系。比方,恩格斯著"家族私有财产及国家之起源",指出财产私有的出现与社会分化为剥削者和被剥削者两个敌对阶级是国家产生的原因,分入 G。

己、影响关系。一本书研究两个题材,一个受另一个的影响,依受影响的题材分。比方,"冰岛传说影响英国文学"一书分入英国文学 K83。

庚、比较关系。一本书研究两个题材,是采取比较的方式,目的在于发现它们之间有什么地方相似,有什么地方不同,以显示其中一个的优越性,依著者的目的分。比方,"马克思主义与达尔文主义"一书,分入马克思主义 A7。

(3)一本书研究三个或更多的题材。

一本书研究三个或更多的题材和一本书研究一个题材的三个或更多的方面是有区别的。后者是按照一本书研究一个题材来处理,上面已经讲过。前者依照下列二点来处理。

甲、一本书研究三个题材,不论它们是三门不同的科学,比方,"文学·科学·哲学"一书,或是较概括类的三个细类,比方,"光、热与声"一书,依最著名或最详细或最有用的一个题材分,比方"亚理握斯妥、莎士比亚和柯奈耶"一书分入莎士比亚。假使同等重要依第一个题材分。比方,"儿童文学,儿童影片,儿童音乐"一书分入儿童文学 K68。假使这一类所隶属的细类比较少,比方,"陆上、水上和航空运输"一书,分入较概括的类:交通运输 E86。

乙、一本书研究四个或更多的题材,假使是四门不同的科学,依最前,或最著名,或最详细,或最有用的一个分。假使是较概括类的细类,依较概括的类分。

2. 形式方面

所谓形式在这里是指:理论,历史,地理,目录,索引,字典,杂志,等等来说的。这一类型的书有综合性的,有专门性的。综合性的我们叫做综合性图书或总类,以后再讲。专门性的是说每一类都有这样类型的书,它们怎样分类,是有一定原则的。

比方,(1)"现代生物学中的哲学问题",(2)"历史哲学",(3)"统计学原理讲义",(4)"欧洲文学发展史",(5)"近代经济学说史纲",(6)"现代的中药研究",(7)"应用化学辞典"。(8)"天文学名词",(9)"经济统计学参考资料",(10)"中国文艺年鉴",(11)"中国农民战争史论文集",(12)"古典诗歌论丛",等等这些书都要根据内容分入各类。

(1),(2),(3)三本书是从哲学的论点或理论方式对生物学,历史,和统计学作学理上的探讨。生物学,历史,统计学是它们的基本内容,因此(1)分入 R1,(2)分入 D01,(3)分入 C901。

(4)是从发展和演进方面来研究欧洲文学,文学是它的基本内容。因此(4)分入 K803。(5)是以历史的方式来叙述欧洲某一时期的经济学说,经济学说是它的基本内容,因此,分入 E03。

(6)这本书的基本内容是中药,因此,分入 S2。

(7),(8),(9)是专门字典,参考资料一类的工具书,分入各专类:"应用化学辞典"分入 W106,"天文学名词"分入 P706,"经济统计学参考资料"分入 C906。

(10)"中国文艺年鉴"的号码是 K307。

(11),(12)是论文集和论丛,因为是专类的,所以(11)分入 D2108,(12)分入 K5208。

从上面的举例中我们得出下面几条分书原则:

(1)一本书不论从理论的方式,或叙述的方式,或其他方式来研究一门科学的,依科学内容分,再依形式细分。

(2)一本书的内容含有时代性的,先依内容分,再依时代分。

(3)一本书的内容含有地域性的,先依内容分,再依地域分。

(4)一本书的内容含有地域性,同时也含有时代性的,先依内容分,再依地域分,再依时代分。

（5）一本书对某一科学或学说或特定的书进行研究,或注译,考证,评论,等等依该科学,或学说,或原书分。

（6）一本专门字典,一本专类参考资料,一本专书或专类的目录,索引,手册,等等依类分,或依原书分。

（7）一本专门性的论文集,论丛,不是文艺作品的,依内容分。

三、各类图书分类方法

图书分类体系的基本类目是四个还是五个仍在争论中。显然,我们的分歧是由于我们对毛主席和恩格斯所说的"哲学"有不同的体会或认识。我认为概括和总结自然知识和社会知识的"哲学",主要的是指马克思列宁主义。因此,我认为基本类目是四个:哲学,社会科学,自然科学,和总类。各类图书分类方法是以这四类来划分的。

1. 哲学类图书分类方法

在这个基本类目之下成立二个大类:马克思列宁主义和哲学(哲学史)。现分四点来讲:(1)马克思列宁主义,(2)马克思列宁主义图书分类方法,(3)哲学的体系,(4)哲学书分类方法。

（1）马克思列宁主义

马克思列宁主义虽然属于社会科学的范畴,但它是研究自然现象和社会现象一般规律的,是关于自然界和人类社会发展的根本普遍法则的科学。没有它做基础，任何一门学问正像恩格斯所说的一样不能前进一步。因此，把马克思列宁主义排在最前列。

我把马克思列宁主义与哲学区别开来成为两大类，并把哲学排在马克思列宁主义后面，我是这样理解的。

先讲为什么把它们区别开来。

（甲）马克思列宁主义根据斯大林的定义是："关于自然和社会的发展的科学，是关于被压迫和被剥削群众革命的科学，是关于社会主义在一切国家中胜利的科学，是关于共产主义社会建设的科学。"与旧哲学有着本质的不同。

（乙）辩证唯物论和历史唯物论是马克思列宁主义的理论基础，共产主义的理论基础，马克思列宁主义政党的世界观。这个唯一科学的世界观的产生，标志着哲学史上旧时期的终结。

（丙）旧哲学在很长的历史时期中，不是一种科学，因为它不能正确的反映客观世界及其发展规律。由于有了辩证唯物论的产生，哲学（马克思列宁主义的哲学）才成为真正的科学，人类才获得了正确的世界观和思维方法，一切科学从而获得无限发展的前途。它是哲学史上完全新时代的开始。

（丁）马克思和恩格斯——列宁写道——在哲学上从始至终都是党的。在全部哲学中唯物论和唯心论斗争的背后,总是存在着两个互相敌对的社会阶级的斗争。马克思列宁主义哲学的党性是不容与旧哲学之代表资产阶级党性利益混同的。

(戊)全部哲学的基本问题,就是存在对思维,物质对精神关系的问题,即物质与精神何者是第一性的问题。哲学家们,依照他们如何答复这个问题而分成了两个阵营,即唯物论和唯心论。我们可以说全部哲学史就是这两大阵营斗争和发展的历史,也就是唯物论和唯心论,辩证法和形而上学斗争的历史。整个人类历史,不论在政治上,在科学中都存在着这两派哲学思想的斗争,它们必须区别开来。

再讲为什么把哲学排在马克思列宁主义后面。

斯大林说:"马克思主义不只是社会主义的理论,而且是一个完整的世界观,是一个哲学体系,马克思的无产阶级社会主义就是从这个哲学体系中逻辑地产生出来的,这个哲学体系叫做辩证唯物论。"

我们知道辩证唯物论同其他科学一样有它的思想根源和社会条件的。它主要的是批判改造黑格尔唯心辩证法和费尔巴哈唯物论而成,因此,把哲学排在马克思列宁主义后面,一方面显示马克思列宁主义是哲学发展的最高峰,一方面以旧哲学为批判和揭露的对象。

马克思列宁主义这一大类我认为应该包括马克思列宁主义经典著作,即马克思,恩格斯,列宁,斯大林,毛泽东经典著作。再就是马克思主义三个组成部分,即辩证唯物论,政治经济学说,科学共产主义,它们是有机的相互联系着的,是不可严格划分的一个完整的思想体系。唯物论是共产主义的逻辑基础,共产主义就是实践的唯物主义,它们都结合表现在"资本论"中。

这三个组成部分正像列宁所指示的:"……不能在这个由一整块钢铁铸成的马克思主义哲学中除去任何一个基本前提,任何一个本质部分。"这三个组成部分集中分类(下面注明选择号码)属于首位最是合理。马克思列宁主义这一大类的图书分类方法是建立在这个理论基础之上的。

(2)马克思列宁主义图书分类方法

(甲)马克思列宁主义经典著作:全集,选集,别集及其注释,翻译,等等著作集中分类,依经典作家分。比方,"实践论解释"分入 A46。这与一般依内容分书的方法是不同的。因为只有这样,马克思列宁主义整个思想体系就能完全表现出来。别集之研究一个专题和专题选集应与各专类互见,使各该类都有经典著作做指导。比方,马克思著"论自由贸易"的号码是 A12,互见 E844。

(乙)研究他们的生平事业的书也集中在这一类,依经典作家分。比方,恩格斯著"卡尔·马克思"分入 A17,不分入传记。

(丙)阐扬,发展马克思列宁主义的一般理论著作分入此类。比方，"马列主义世界观"分入 B1。

（丁）研究马克思列宁主义各个问题的书，依内容分。比方，包德列夫等著"列宁斯大林论青年的共产主义道德教育"分入 B7。

（戊）马克思主义三个组成部分的图书分入此，与各专类互见。比方，马克思著"资本论"的号码是 A12，互见 E01。

（3）哲学体系概说

我们可以说一部哲学史就是一个追求与认识客观真理的过程，从形而上学的方法发展到辩证的方法的过程。唯心论否认客观真理，所追求的是抽象的超验的东西，是超验界的精神，观念或上帝的存在。唯物论认为这样抽象的东西是不存在的。超验的东西没有内容，所以是无意义的，是荒谬的。唯物论与唯心论所争的问题是物质与精神关系的问题：物质是第一性的东西呢？还是精神是第一性的东西？承认物质是第一性的东西，即物质是离我们的意识而独立存在的客观实在，人类出现以前就存在的；精神或思维是第二性的，是物质派生的，是头脑的产物，而人自己又是自然的产物，就是唯物论。相反的，承认精神是第一性的东西，只精神真实存在，物质是不存在的，是唯心论。

唯心论的谬误太明显了。"我"是存在，存在就是物质，这个浅显的道理他们是知道的。唯心论的笛卡尔说：

"我思故我存"，就是一个明证。比方，我看见一朵花，我根据我所见的这个事实判断说花是存在的。显然的，我自己也必存在。我所见的花可能不是真花，但我见，或当我想我在看，或当我怀疑它是真花，我怎能说我不存在呢？在我思想，在我怀疑说我不存在，那是自相矛盾。"我"既存在，我就是物质了。但唯心论者偏要在超越经验范围以外虚无的地方去找物质背后的东西。他们硬要纠缠在柏拉图的说法："观念是物质的法式，是实在。"柏拉图认为一切知识本来就有的，有生以前就有观念；感官经验唯一作用在拨醒人心认识本来就有的普通观念而已。黑格尔与所有其他唯心论者也都一样说什么"精神，思想，观念是原有的，而实际世界不过是观念的反映"。他们硬要找那不存在的东西作为宇宙万象的原因，否认物质的客观实在性。笛卡尔的理性论，陆克的经验论，柏克莱的观念论，休谟的怀疑论，康德的超越论，黑格尔的绝对观念论，马赫的感觉论，以及资本主义国家流行的实用论，新实在论，等等都是唯心之论。

理性论又称为唯理论，认为正确的认识只能根据理性与纯粹思维。只有理性才能认识绝对的，永远的，必然的真理。真理原为理性所固有，与生俱来。因此，主张天赋观念，而否认感官知觉能给我们真理，它的正确性。理性论有一派称为神秘论，另一派称为直觉论，又称柏格森主义。

经验论认为所有知识都来自感觉经验,不承认有所谓天赋观念说。假使实际上有天赋观念,那么就必离开经验的知识,离开经验的知识是怎样认识呢？天赋观念既存于心而不为心所认识,那里有这样的道理。观念的发生与起源是外来的,由外物而引起。外物之所以能引起我们的观念的是因为它有一种力,就是物性。但经验论又承认心是思想的实体,不依存于物质或外在的世界,这是自相矛盾。经验论有:1. 感觉的经验论,或感觉论,认为感官知觉是认识的唯一根据。2. 理性的经验论,认为认识的根源是感官知觉(外在经验)与反省(内在经验)。

观念论认为客观的事物只是我们意识的内容,没有我们的意识,就没有宇宙。所谓天地山川等都不过是我们的观念,所以叫这派为观念论。新观念论认为本体是绝对的,单靠知识是不能知道的,只有直觉。

怀疑论否认有认识事物本真的可能。一般叫这派为不可知论。怀疑论到了休谟成为彻底的经验论,是融合陆克的知识起源于经验与柏克莱的存在即是感觉两说而成的。他说:"丝毫不爽的重复 POST HOO(过去)并不能建立 PROPTER(现在)。"但他没有方法肯定的说,下一次不能完全重复这一次。他不能否定因果的必然关系。

什么是超越论？因为在经验范围内不能有超越界的知识,康德应用理性的法式(观念)超越经验范围之外用以证明物如的存在,所以叫超越论。比方,这朵红花,我们所知道的只是,这是红的,这是香的,这是坚的……等等。而红,香,坚……等等性质是形容"这"的,都是"这"的现象,所以我们有现象的知识。至于"这"的本体是怎样,我们不知道。"这"就是康德所说的物如,超时空,因此,我们不能超越我们的经验而有物如的知识。

黑格尔的中心思想:只有绝对观念是实在,宇宙万象只是它的生化过程,它的暂时现象。比方,苞子在花开时没有了,结果之后,花也只是一个暂时的现象。它们由辩证的程序从这个进展到那个,高层是低层的实现。每一阶程包含前一阶程的一切而孕育后一阶程的一切。这样向着那最高的绝对观念上升。

马赫认为客观事物的认识只有经过感觉始有可能。唯物论也是以感官为认识的起源,他们承认外在世界的存在。但马赫否认这样的存在。他说所谓客观的事物只是精神的现象。精神才是实际的存在,是最可信的东西。他认为精神与物质的区别是人为的,不正确的。这是不通之论,因为所谓经验是假定有自我与外界才有的。精神与物质是有区别的。

所谓实用论是一种方法以实际的效用作为衡量真伪的标准。我们认为真就是能知的心与被知的物相一致。比方,粉笔是白的,我看见它也是白色,那么,我所见的白色便是真。实用论认为既把能知与所知分为两个绝对独立的东西。那么,我们怎能知它们一致与不一致呢?因此,他们否认有所谓绝对的,独立的,不因人而变的真理存在。他们的意思真理是纯粹主观的,不能离开个人,所以因人而变,这在逻辑上是犯错误的。比方,以前的地球中心说,用地球做坐标说明天体的运行,在以前认为与事实相符,所以为真。今日的太阳中心说,用太阳做坐标说明天体的运行更为正确,那么,地球中心说在今日为假。显然自相矛盾。可见外物不为主观影响而改变,而有它客观独立的存在。

新实在论认为所有事物只是一种关系,都有客观的存在。关系说是新实在论的中心思想。他们认为我们怎样知道一件东西是白的呢?我们先不用白这个共相(观念),只拿一个个别白的东西:凡与这个个别东西的颜色相同的,就是白的东西。那么,这个必须相同的白就是共相了。相同的关系必是真的共相。白,不是思想,而是思想的对象,假使是思想,它就不能成为共相。所以共相不是思想而是思想的对象。既然是思想的对象,所以是客观存在的。共相(观念)客观存在说是唯心论的说法。

我现在举柏克莱的观念论与马赫的感觉论为例,说明唯心论是怎样的不通。柏克莱利用陆克的结论认为存在即在感觉之中,物质的实在是没有的,物质的实在就是感觉。比方,这是一朵花,眼看是红的,手摸是有坚度的,鼻嗅是香的。观念论认为世界上没有所谓花这个东西的实体,而有的只是红,坚,香等感性。这些感性结合起来就成为花。所以花的存在,不过是存在我们的感觉之中,而花只是我们感觉的总合而已。他的结论是唯心实有,宇宙万象一切物质只能在我们感觉限度内存在。列宁指出这是纯粹的唯我论,不承认我以外的其他人的存在。

马赫继续柏克莱的谬论奏出同样陈腐旧词。他用"宇宙的元素"这样的字眼来掩饰他们唯我论的荒谬,实际上他的所谓"元素"与感觉是一个东西。他说:"感觉是组织宇宙的元素"。于是他不得不否认物质世界的存在。根据他的说法,我们所知道的只是我们主观的观念。比方,我前面有一张桌子,我感觉着它,即是说,我看见了它而有视觉,我摸着它而有触觉。但存在我心中的只是感觉,所以桌子不成为实在的东西,独立于我而存在的。照他的说法,白色这个感觉是因粉笔与我相遇的结果才发生的。那么,我们就问:客观的粉笔既是我的意识内容为我的感觉所构成,那么,它怎样同时又是作为构成感觉的元素呢?

列宁批判马赫主义者说:"这个哲学的基本荒谬是在于它走向唯我论,承认只有唯一的一个哲学的思维的个人是存在的。"他只提出两个问题:1. 在人类以前自然界是否存在? 2. 人是不是用头脑思想? 就把整个马赫主义与柏克莱的谬论粉碎得连影子也都没有了。

我们再看哲学的另一最是基本的问题,即恩格斯所指出的："我们的思维是否能够认识现实世界？"唯心论者否认世界的可知性，不承认客观的真理，具体的真理像上面所指出的。马克思列宁主义认为这样的真理是存在的，我们完全可能认识由无数相对真理所组成的绝对真理。世界是按照物质运动规律发展着，并不需要什么背后的观念或精神作原因。世界按它的本质来说是物质的，任何一物或客观事物都不能从无中产生出来。世界上一切现象都是运动着的物质的各种形态。所谓思维就是客观现实的概括与认识过程。认识是客观事物或现象之间的联系与规律的反映。形而上学的认识论与辩证法的认识论是根本相反的，两相对立的。形而上学用静的观点来观察事物，把自然界看作永远是如此的，永远不变的东西，把它们分解成为个别的独立的部分，即形而上学是离开事物的彼此联系，发展与变化来观察的。恩格斯说"在形而上学看来，事物和它在思想上的反映（即概念）都是个别的，不变的，凝固了的。永远是如此的东西，需要一个又一个的顺着次序加以研究，而且需要一个又一个的各自独立的加以研究。"

斯大林指出辩证法的认识：1. 它不是把自然界看作彼此隔离的，孤立的，不相依赖的各个现象。而是看作联系着的，统一的整体。2. 它不是把自然界看作静止的与不动不变的形态，而是看作不断运动的与不断变化的形态，不断革新与不断发展的形态。在辩证法看来，只有那正在产生着与正在发展着的东西才是最重要的,才是不可被战胜的。3. 它不是把发展过程看作简单的增长过程,而是看作由量的变化进到质的变化。量的变化是渐变的,质的变化是突变的,由简单发展到复杂,低级发展到高级。4. 它认为自然界的现象具有内在的矛盾。因为这些现象都有它的正面与反面,过去与将来。腐朽着的东西与发展着的东西,这些对立方面的斗争,就构成发展过程之内在的内容。

由于马克思主义哲学正确地反映了客观世界的发展规律,解决了人类思维对外界事物关系问题。因此,它在本质上成为与以往一切哲学体系不同的新哲学。因此,以往哲学,哲学体系的图书分类方法与马克思列宁主义图书的分类方法也就有所不同了,以下再讲。

(4)哲学书的分类方法

哲学类的划分一般分类法大致分为三方面:内容,比方,认识论;国别,比方,英国哲学;派系,比方,怀疑论。这三方面都列有类目,因为只有这样对于哲学书的分类才是适用的。但是,一本哲学书往往可以同时分入这三方面。比方,休谟著"人之悟性论",从它的内容来看可以分入认识论。休谟是英国哲学家,因此,这本书要分入英国哲学。休谟是怀疑论者,不可知论者,这本书的主要目的是在论证他的怀疑论,不可知论的,因此,可以分入怀疑论。一本书只能分在一个地方,究竟应该怎样分,是需要有一定方法或原则的。

（甲）专门问题，比方，"认识论入门"，依内容分入认识论。各国著名哲学家在分类表列有类目，像笛卡尔，康德，柏格森，等等，他们所写的以及批判他们的著作，比方，"康德哲学批判"，罗素著"哲学中之科学方法"，柏格森著"时间与意志自由"，等按国别分入各哲学家类目下。关于一个体系的，比方，"实用主义真理论批判"，依派系分。关于一国或其某一时代哲学的书，分入各国哲学，比方，"苏联哲学问题"分入 B33，"中国先秦哲学史"分入 B32。

（乙）某派哲学家的著作，它的内容是关于这派思想的，但它是这个哲学家的主导思想，依个别哲学家分，不依派系分。比方，叔本华著"悲观论集"分入叔本华。孔德著"实证主义概观"分入孔德。

（丙）研究某派几个哲学家的思想或著作，依第一个或最著称的哲学家分。比方，郭本道著"诺克，巴克莱，休谟"分入诺克，因为巴克莱和休谟的思想都是建立在诺克思想基础之上的。

（丁）各类哲学，比方，法律哲学，历史哲学，就是哲学家写的，也依类分。假使这个哲学家在哲学类列有类目的，与某类互见。比方，黑格尔著"法律哲学"。

（戊）哲学家，就是最著名的哲学家，所写的书是关于某一专类的，依类分。比方，笛卡尔著"微积分"分入

P16。研究哲学家的学说之不属哲学范围的,依类分。比方,"杜威教育思想的批判"分入 H201。

（己）哲学家的著作批判某哲学家的,依被批判的哲学家分。但经典作家,比方,马克思著"黑格尔法律哲学批判导论"分入 A12。

（庚）一个哲学派系的流传和发展,依派系分。比方,"实用主义在德奥的发展"分入实用主义。

2. 社会科学类图书分类方法

社会科学是关于人类社会的科学,研究自然运动形态除外一切运动形态,即研究社会生活,经济,阶级斗争,国家,法律以及其观念的上层建筑,哲学,宗教,文学,艺术,等等。社会科学类,除哲学已在前面讲过外,包含那些大类,这些大类的排列顺序应该怎样是需要商讨的。中、小型图书馆图书分类表草案初稿社会科学类（号码 C）包括的门类:C9 统计学,D 历史,E 经济,F 政治,G 法律,……等等。为什么把统计学排在社会科学各大类的最前列,把政治和法律分为两大类。因为没有说明,无法看出其中的道理来。我认为这一基本类目包括以下大类,它们的次序我是这样排列的。

（1）经济科学

经济是基础。新经济关系的出现,必然需要新的政治经济学,引起新型国家与新型法律的出现。政治经济学涉及各阶级经济的政治的重大利益,它是阶级性的,党

72

性的科学。马克思列宁主义政治经济学是建立在辩证唯物论与历史唯物论的基本规律之上的。马恩通信集指出："政治的,法律的,哲学的,宗教的,文学的,艺术的及其他的发展,都以经济的发展为基础。"政治经济是研究物质财富的生产与分配的社会关系。

财政学是研究社会生产的价值方面。社会主义国家的财政制度是根据再生产理论的原理以及社会主义经济法则有计划实施分配与再分配全民收入。

统计学是研究社会经济的现象与过程,用数字把它们表现出来。列宁指出统计必须与社会经济紧密结合,不能离开政治经济关系的本质。脱离了政治经济分析的统计学只是空洞的为统计而统计的东西。

因此,把政治经济学,财政学,统计学组成为经济科学一大类。

（2）政治科学

经济与政治是不可分离的整体。斯大林说:"不能把政治与经济分离开。我们不能离开经济,也同我们不能离开政治一样。为着研究便利起见,人们普通在方法上是把经济问题同政治问题分开来的。然而这样做只是在方法学上,只是人为的,只是为着研究便利起见。相反的,在生活中,在实践中,政治和经济是分不开的。它们在一起存在着,而且在一起发生着作用。"

政治的存在也与阶级及国家的存在分不开的。因为没有阶级与国家也就不会有政治。

国家是社会发展到一定阶段上有了阶级矛盾与阶级斗争以后的产物。国家是这一阶级统治另一阶级的政治组织。它的任务是保护统治阶级的利益,巩固它并镇压与消灭敌对阶级的反抗。基础之所以建立自己的上层建筑——国家,就是为了这些。不论在怎样的社会中,国家的本质总是阶级统治的工具。国家既是阶级统治的工具,那么,整个"国家机器"都是为统治阶级服务的。

这个"国家机器包括军队,警察,官厅,法庭,监狱,等等。这些是统治阶级实行统治的权力机构"。争取这个权力机构的斗争是政治的中心问题。

国家机构,国家行政,党对阶级的领导,政府对生产的领导,国与国之间的相互关系,等等问题都属于政治的领域。即是说政治包括着经济基础的全部政治上层建筑,称为政治科学。

(3)文化教育

教育是与人类社会同时产生与发展的。它是具有阶级性的,是阶级斗争的工具。阶级总是为自己建立"教育机器"来培养工作干部,因此,脱离阶级而独立存在的教育是不存在的。但它是不依赖它所生存的具体历史条件而独立的。我们不能说所有教育形式(家庭的与学校的,普通的与职业的),所有教育观点,所有教育机构,不论它们服务的作用是为谁都把它们看作当代的上层建筑之列。比方,在我国宗教的观点及其组织就是实际的例子。在资本主义国家,工人阶级所建立教育机构不是为巩固而是为破坏这个上层建筑服务的。由于它具有这些特殊特征使它与其它社会现象区别开来而成为文化、教育类。

(4)语言文字

语言也一样是与人类社会同时产生与发展的。它与其它社会现象相区别的专门特点就是:语言之替社会服务,乃是作为人们交际的工具,作为交流思想的工具,作为达到互相了解的工具。即是说语言是以特殊的方式替人们在日常生活,社会生活以及一切活动范围,比方,经济,政治,文化各方面服务的。语言不是阶级性的,永远是全民性的。

斯大林说:"语言不是任何一种基础的产物,而是一定社会发展全程的产物,是许多世纪基础发展全程的产物。"它是一种特殊的社会现象和基础及上层建筑不同。由于语言具有这些特点,也只有语言才具有这些特点,所以它是一门独立的科学,应当单独成立一大类。

(5)文学

文学是具有特种形式的东西。没有这种形式就不能称为文学,它之所以与非文学的东西有所区别就在于它有这样特种的形式。也就是说,文学的书籍是靠形式来表现内容,传达思想的,或者说,文学的书籍是思想内容和形式结合在一起通过形式表现出来的。

那么，文学书籍的分类是以形式（文学体裁）为主呢？还是以国别为主？一个文学家的作品不论是诗，或是戏剧，或是小说，或是散文，或是其它形式是集中分类呢？还是按形式分散？

在今日有着各种不同的主张。每一主张都有其充足的理由，也有其相对的困难存在着。怎样决定？确是一个问题。

中、小型图书馆图书分类表草案初稿对于文学书籍的分类是：先国别，国别之下依形式区分。这是对的。因为，文学的形式是其与非文学区分的特征，也是文学相互区分的特征。一首诗和一篇小说的区分就在诗有节奏，有韵律。研究一个作家的诗，不一定就非看他的小说不可。所有一个民族的诗集中分在一起对于研究诗的人是便利的。

自然，这种区分方法不是没有其相对的困难的。国别之下按形式细分，那么，一个作家的作品分散了，一个作家的全集选集如何分也成问题了。对于这种具体的问题是需要有一个适当的处理办法的。

我认为一个作家的全集选集，可以成立全集、选集一个类目来处理，像草案初稿所列的一样。还有把一个著名的作家像：莎士比亚，高尔基，鲁迅等，他的所有作品，以及研究他的作品集中一类，立为文库单独陈列。

那么，问题又有了：一般作家的作品和著名作家的作品处理办法显然不一致了。不过,这种不一致是图书分类法面对着多样性的图书所不可避免的。

（6）艺术

艺术也是具有特种形式的东西,同文学一样是靠形式来表现内容,传达思想的。它和文学有密切的关系,比方,诗歌和音乐,剧本与演剧可以说是不可分离的。因此,文学和艺术往往合称为文艺。虽然,它们之间究竟不是完全相同,它们是有区别的。艺术应独立成一大类。

（7）历史

历史科学是根据历史唯物论的一般规律研究在不同时代与不同国家或民族的社会发展过程。它尽量具体的,真实的叙述一个国家或民族的一切社会生产与生活的现象,从而揭示这个国家或民族的社会发展规律。

全部人类历史是劳动人民创造的。首先是人类和自然斗争的历史,人类共同劳动共同和自然作斗争,后来社会分化为敌对的阶级,从这时候起就包括阶级斗争的历史,与政治密切的联系着。

但是,历史不像自然科学那样直接与物质生产联系而能为生产服务,也不像国家,政治,法律那样直接影响基础及上层建筑。它叙述历史发展全部过程,是自然科学,社会科学发展过程的记载与总结。所以,把历史科学排在社会科学的最后,这样又可与自然科学衔接了起来。

（8）宗教史、无神论

资产阶级的分类法把宗教独立成一大类排在哲学之后,或与哲学合并成一大类,是与无产阶级的苏联图书分类法草案把宗教史、无神论独立成一大类处在完全不相同的立场的。资产阶级的立场是唯心论的。唯心论对于哲学基本问题的回答必不可免的要引导到超自然的神秘的起源这个观念,神的观念。宗教是由于社会矛盾的结果而发展起来的,在历史上,尤其是中世纪,历史运动是采取了宗教色彩的,宗教与历史在发展的过程中往往互相关系着。培根分类法把宗教史列为历史的类目是他的理由的。

　　在今日宗教是"看作一个进行科学研究,政治揭露和思想斗争的对象",是看作暴露资产阶级借神的观念掩饰和巩固他们的剥削制度神圣化的反动本质。因此,把宗教排在历史的后面。

　　无神论是否定宗教,否定超自然的神,对于神的观念进行斗争的一种世界观。无神论是在自然科学的繁荣的基础上发展起来的,反过来促进自然科学的发展。因此,把无神论与宗教排在一起,紧接排在自然科学之前。

　　图书分类方法

　　由于中、小型图书馆图书分类表草案初稿只是一个简表,各类的类目不是较详细的列了出来,因此,下列的分书方法只是一般性的,原则性的。

　　经济科学书的分类方法

经济科学是研究社会生产和分配关系的。它和生产的科学:工业,农业,等技术科学有很密切的关系。因此,分类法在经济学列有专门经济一类目,下分工业经济,农业经济,等等。同时在工业列有工业经济一类目。在农业列有农业经济一类目。而图书呢,比方,关于经济建设,或工业建设,企业管理,工厂管理,等等有理论性的,有技术性的。还有,经济和政治有更密切的关系,比方,帝国主义的殖民问题,是与市场和原料问题分不开的,但这是政治方面的问题,不能当作经济问题来分类。这一类的书假使没有一定的分书方法做指导,分书时是会感到困难的。现提出下列两点:

(甲)从经济方面研究生产建设的生产价值与意义的,以及研究一般管理原则与计划推进生产的,比方,伊凡诺夫著"基本建设计划"和直接进行生产的方法与技术的研究,比方,东北工业社编"基本建设手册"是有区别的。前者是经济方面的,分入 E34;后者是工业方面的,分入 E82 或 U1。

(乙)研究或论述一个地方的工业情况的书,大都是从经济方面来研究的,分入经济。比方,"苏联的工业"分入 E34。假使是研究或报导具体生产技术的,分入工业或工程。比方,"苏联改造自然的伟大工程",分入 U。

政治科学书的分类方法

我在前面指出:经济,政治,法律,军事,教育,等等类目采用社会制度来划分是非常必要的。这样,像"苏维埃政权是民主的最高形式","美国政治制度",很清楚的两种不同的制度就区别开来了。还有两种制度的政治学说,比方,马克思列宁主义政治学说,资产阶级政治学说,还有两种制度的具体政治情况,比方,苏联政治,英国政治,它们不同本质也反映出来了,分书时是很容易处理的。但是,研究一个国家的政治情况的书有时会与那个国家历史的书混同起来,类似这样情形是常有的,怎样分类应该有一定的原则。

(甲)凡是研究政治上一个问题的书,分入政治;叙述或记载某一政治事情经过的书分入历史。比方,"爱国主义",分入政治,中、小型图书馆图书分类表分入 B7;"苏联伟大的爱国主义战争",分入苏联历史。

(乙)一国政治思想的书,依所涉及国家的国情某方面分。比方,美国的门罗主义是美帝国主义只许它侵略别国不许别国侵略它的一种外交政策,分入美国外交。

(丙)二国的外交,依作家观点所代表的国家分,比方,"中美关系真相",分入中美外交。假使是官书,依出版的国家分。

(丁)关于某一特殊事件,工业,或地方的外交文件,依所涉及的主题分。比方,"英美在巴拿马运河的冲突",分入巴拿马运河。

(戊)关于一个国家或几个国家干涉另一国家的著

作,分入被干涉国家的历史,不分入干涉国的外交关系。比方,美英法对苏彝士运河的干涉,分入埃及史。

语言文字书的分类方法

语言文字书籍的分类比较感困难的,一般的说,是两种语文字典的分法问题。关于两种语文字典的分法有下列三种:

(甲)依较生疏的一种文字分,比方,中日字典,分入日文;中法字典,分入法文。

(乙)依在前的一种文字分,比方,华俄字典,分入中文;俄华字典,分入俄文。

(丙)依在后的一种文字分,比方,中法字典,分入法文;英德字典,分入德文。

此外,还有:1.本国文字和外国文字的字典依外国文字分。2.两种文字都是外文,依较亲密的一种分。因为都不能有一致的规定,所以不加讨论(可参见(甲)),现就上列三种分法来讲。

先讲依较生疏的语文分。比方,我们学习俄语,从我们的立场来说俄文是较生疏的语文,俄华字典或华俄字典就分入俄文字典;同样,英汉或汉英字典分入英文字典,和汉或汉和字典分入日文字典。根据这一规定,俄华或华俄字典的分类固然可以取得一致,但关于为谁使用这一问题就有困难了。因为使用这类书的目的,大多是为了学习与翻查在前的一种语文,像俄华字典大多是我国人或热爱我国语文的人,学习与翻查俄文用的,依俄文分自较方便。而华俄字典则反分入中文字典,因为华俄字典一般来说是为苏联人学习汉语来编的。因此,有依在前的一种语文来分的规定。

依较生疏的一种文字分还有这样的困难:英俄,英法,英德字典在我国目前来说就很难依照这一规定来分类。熟悉俄语的人必是以英语,德语,法语为较生疏的语文,相反的,熟悉英语,德语,法语的人则又以俄语为较生疏的语文了,怎样决定? 怎样取得一致? 由此,我们可以得出一个结论:关于两种语言字典分类的规定,只能依在前的一种语文或在后的一种语文分才可取得一致。由于这一规定不能同时采用,我们问:是依在前的一种语文为分类原则呢? 还是依在后的? 怎样规定? 我认为依在前的一种语文分要对些,理由我在上面讲过,我们使用这类书的目的是为了学习与翻查在前的一种语文。这是关于两种语文字典分类的方法,至于排架我认为所有字典都排在一起,用起来就便利了。

文学书的分类方法

文艺是反映现实生活的,离开了现实就不能创造出丰富的,新鲜的,有生命的文艺。那么,文艺作品中那些充满荒诞神话的又将怎样呢? 虽然这一类的作品根本不是现实的,但作家的想象还是从现实中来的,还是依照现实中的人物塑造的,所以神话中的人物分入文学。中、小型图书馆图书分类表把文学和艺术分别立为大类,总论文艺的书,比方,"新文艺论著",分入文学。文学书的分类还有下列一些方法:

(甲)关于一种文体的研究,比方,诗歌,戏剧,小说,等依文体分。"马克思主义与诗歌"分入诗歌,按形式细分。

(乙)文学家哲学理论与观念由诗歌或其它文学形式表达的分入文学,因为这类性质的图书不是研究哲学,而是文学。

(丙)文学作品改编成为另一种文体,比方,小说改为剧本,分入剧本,即做改编的文体分。

(丁)研究诗,词,等韵律音节的,依诗,词等分,研究一般韵律音节的分入语言文字。

(戊)歌曲没有乐谱的分入文学,比方,"陕北民歌选",分入文学。歌曲或舞曲谱有音乐的,比方,"黄河大合唱",分入音乐。

(己)选自一个或几个作家的诗集,曲集而谱有音乐的,比方,"集成曲谱",分入音乐。没有谱的,比方,"元曲选",分入文学。

(庚)文学作品对人物的刻画,假使是具体的真实的对某人的叙述,分入传记。

艺术书的分类方法

艺术类的书包括:研究或论述艺术的书,艺术复制品的书,还有艺术品。艺术除与文学有密切的联系外,还和工艺,体育等有关系,艺术类彼此之间往往互相渗合,因此,分书是需要有一定规定的。关于一本书涉及文学和艺术怎样分上面已讲了一个概略,以下仅就其它方面来讲:

(甲)关于古物、古迹、工艺品的照片,依类分,不分入摄影。假使一本摄影集目的是在说明摄影技术的,分入摄影。

(乙)专门图画,图案,比方工程图,动植物图谱,人体解剖图,等等,依类分。

(丙)人像,附有本人生平事迹的,分入传记;没有的,分入绘画。

(丁)展览会,运动会,各种事业活动照片,幻灯片,等照片依类分。

(戊)中国书法,比方,篆,隶,楷,行,草,简字,假使是研究它的结构原理,演变的,分入语言文字;假使是从结构形态来研究它的法式的,分入艺术。

历史书的分类方法

历史,在广义方面是指历史事实本身来说的,在狭义方面是指叙述和记载史实的图书来说的。我国记载史实的图书:1.在通史断代史方面,有的是以年代为纲来叙述的,像"竹书纪年","资治通鉴"等编年史就是。有的是以人物为纲来叙述的,像"史记","汉书"等纪传史就是。有的是以事类为纲来叙述的,像"通鉴纪事本末","明史纪事本末"等是。2. 在地理方面是以地区为纲来叙述的历史,像"湖北通志","武昌县志"等是。3. 在文化方面是以类别为纲来叙述的历史,像民族史,政治外交史等是。4. 在传记方面是以一个人的事迹或多数人的事迹来叙述的个人历史。5. 在系谱方面是以一族,一姓为纲来叙述的历史。6. 在文献方面则有档案,古物等史料。这些都属历史类的范围。此外,还有史学。史学不是历史发展客观过程的记载,而是研究历史发展规律和历史研究方法的学科。历史以及各国历史之下都列有史学一类目,因此,"西洋史学史"分入 D85,"中国史学史","中国历史研究法"分入 D2。对于历史分书方法现写出下列几点。

(甲)某一时代的某地方史,比方,"华阳国志"不分入通史的某时代,而分入某地方史。假使不全是地方史,仅是部分的地方史就分入通史。比方,"毛泽东同志与井冈山起义"分入中国革命史。

(乙)战争和战争史。假使从整个社会方面来写的,比方,"鸦片战争"分入历史。假使从军事方面来写的,比方,"拿破仑战史"分入军事。

(丙)国际战争牵涉许多国家的,依较概括的类目分,比方,"十字军"分入欧洲史。假使这种战争是为某一问题或在某一中心地区进行的,依地区分。比方,"三十年战争"分入德国史。

（丁）文艺作家的日记分入他的传记。一个战争期间或历史的一个期间个人的日记说明一个地方战争的发展，分入战争史。比方"巴黎被围的日记"分入巴黎围攻。一种日记记述一个战争，政治运动，文艺运动等等的依类分。假使作家是运动中的主导人物，分入他的传记。

（戊）对于传记的分类有各种不同的意见。一般的说有三种方法：

1. 把所有传记，依被传者姓氏字顺排列。

2. 分入传记一类，再依类细分。

3. 总传分入传记，个人传记依类分入各类。比方，哲学家的传记分入哲学，文学家的传记分入文学。不能分入各类的传记，分入传记。中、小型图书馆图书分类表采用第三法。

3. 自然科学类图书分类方法

自然科学是以自然现象为对象研究自然界客观规律的科学。自然界之间可以观察得到的各种各样的现象，是代表运动着的物质各种不同的形态。自然科学就是研究这些运动形态的科学的总称。

毛主席说自然科学是生产斗争的知识。生产斗争的知识有理论性的，有技术性的。理论性的指数学，物理，化学，植物，动物，等等知识而言。

所以，自然科学从广的含义上讲，包括：数学，非生物界的科学，称为物理科学，又称数理科学；生物界的科学，即生物科学;与医,农,工技术科学三个部分。

我们都知道,因为有了自然科学的发达,才有医,农,工各种技术科学的发达。没有科学上的进步,技术上的进步几乎是不可能的,而科学的产生以及科学上的进步同时是在技术实践的过程中修改与充实而产生而进步的。那么,把理论科学与技术科学统一在一起,这是正确的。

但我们所谓理论与技术的统一是说科学需与技术相结合,科学需面向实际,直接为生产劳动服务;从生产劳动总结经验来修改和充实自己。并不是像若干资产阶级的分类法把自然科学和技术科学混合在一起,才算是理论与实践相结合。

自然科学每一门:数学,力学,物理,化学,天文,等等彼此之间的关系与技术科学之间的关系是多方面的。比方,化学研究所有化学现象的基本原理。化学家为要研究一种物质,首先就要知道它含有些什么成分。这种研究是要应用物理方法的。因此,化学与物理是关系最密切的学问。生物体内经常不断的进行着各种生理活动,产生的化合物绝大部分是有机化合物。所以化学与生物学也是关系很密切的学问。许多工业上的活动,像炼钢、采煤、提炼石油等都与化学分不开。农业方面像土壤肥料的问题与化学也分不开。医学方面像药物的研究也与化学分不开。我们日常所见的像铜铁生锈,食物腐坏,燃烧,爆炸,等等都与化学有关。把有关这些化学现象的资料集合在一起在方法上不是分类法的问题而是分类目录的问题。假使我们要在分类法体系上解决像这样一类的问题,那就正如克连诺夫所指出的:"必是破坏科学的血统机关,把建筑的事,建筑学,铁道建筑,音乐,歌曲等类列入物理了。"

由此可知资本主义国家的若干分类法把若干技术科学与自然科学合并一起是不正确的,技术科学应单独列为医学,农业,工业三大类。工业即我们所指的狭义的技术科学,包括工程,工艺。

这一类的书分类方法比较突出的有下列各点:

(1)凡是应用自然科学原理于技术科学方面的,分入技术科学。比方,"热动学应用于热力机","工程热力学纲要",分入机械工程。假使是一般性的著述,不是具体的应用,分入自然科学。比方,余飒声著"应用胶体化学",分入化学。假使以理论为主而包括技术方面问题的,分入自然科学。比方,陈兼善、费鸣年著"鱼类学"是以理论为主的,也讨论到鱼类的养殖以及捕鱼问题,分入鱼类学。假使以理论做基础来解决具体应用问题的,分入技术科学。比方,马尔丹诺夫著"实验空气动力学"上下两册。上册研究理论方面的问题,下册研究应用方面的问题。上册是下册的理论基础,是用来解决具体问题的,因此,分入技术科学(参看图书分类一般规则)。

（2）研究电的现象和它的应用，比方，"电流"，"电波的世界"，分入 U35。假使从电的基本质点来研究的，比方，"电子"，"电子学原理"，"电子与量子"，分入 P47。

（3）科学探险，科学调查或旅行报告，涉及物理，天文生物，等等现象的，分入自然科学总论，假使限于某一类的，比方，"海洋生活"，依类分。

（4）中、小型图书馆图书分类表把地质，地理科学成一大类，它的理论基础是什么应有说明。我们都知道，所有科学研究的对象都是运动着的物质形态。而运动着的物质形态是互相转变的，当知识前进到新的阶段时是能更进一步发现物质运动形态中新的关系，从而产生新的学问或新的组合。地质、地理科学组成一大类，我们也可以从这一角度来看，希望中、小型图书馆图书分类表工作组对这一类有所说明。这一类的书怎样分暂作以下的规定：

（甲）总论地球学的书，比方，莫伟夫著"我们的地球"，分入地质。

（乙）以地球作为一个星体来研究的，比方，周太玄著"地球"，分入天文。

（丙）研究地球本身生成，构造的，比方，李四光著"地球的年龄"，分入地质。

（丁）地理的书以数理研究为主的，比方，金祖孟著"数理地理"，分入天文。

（戊）记述世界的自然，经济，政治各方面地理的书，分入 D17 地志（人文地理），记述某一专门方面的，比方，"中国经济地理"，分入 E29。

（5）U3 动力工程就是以前所说的机械工程，除一般性机械问题外，还包括各种依动力来分的机械，比方，电动机，汽动机，水力机，等等；依用途来分的机械，比方，工具机，压榨机，等等都分在动力工程。比方，"电动卷扬机"，分入电机工程 U32。但专门工业用的机械依专门工业分。比方，"矿山机械"，分入 U53；"棉纺机械计算法"，分入 W43。

（6）中、小型图书馆图书分类表把中医书籍单独列出，即与西医书籍分别排列。这样，中药书籍怎样分？中医小儿科书籍怎样分？都成问题了。为什么非如此分别排列不可？实际分书有没有问题是否考虑到？再把解剖学，生理学，等列入人类学，病理，诊断，内科，外科，等列入医药科学，形成解剖，生理，等与医药割裂的现象。医药科学一般的说包括类目很多：有基础科学的解剖，生理，等；有预防的保健，卫生，等；有临床的内科，外科，等。彼此的关系可以说是互相错综牵连。医药科学的分类有许多问题需待解决。比方，解剖学有依系统分的，有依部位分的；同样，生理，病理，都有依系统分的，依部位分的。那么，是以系统集中分在一起呢？还是以部位？即是说，所有解剖学的书，不论是心脏，肺脏等等解剖都集中在一起,生理学,病理学的书也都同样集中在一起呢? 还是所有研究,比方心脏学的书,不论解剖的,生理的,病理的都集中在一起? 究应怎样分类是需要仔细研究的。下列一些规定是一般性的:

(甲)保健和预防各种部位各种疾病的,比方,"口腔卫生","牙齿保健法","怎样预防传染病",等等分入卫生学。假使同时论及治疗的,分入各科治疗。比方,"斑疹伤寒的预防和治疗",分入传染病。

(乙)解剖学的书有兼论生理学的,比方,"解剖生理学",分入解剖学。

(丙)研究小儿科的书都分入小儿科。假使是一般性的,比方,伤寒病,虽然涉及到小儿,不分入小儿科,但专门研究小儿伤寒病的,分入小儿科。假使是特种病科,比方,小儿眼科,分入眼科。

(丁)护理学的书,比方,"内科护病学","外科护病学","传染病护病法",都分入护理学 S9。假使是各种疾病的护理,比方,"肺结核的护理"依疾病分。假使同时论到各科及其护理的,分入各科。比方,"内科学与内科护理",分入内科。

(7)以兽体解剖,生理等为研究对象的,叫做比较解剖学,比较生理学等,依下列方法分。

(甲)一本研究器官或系统的比较解剖学或生理学的书,分入动物学。

（乙）研究个别动物各个器官或系统的解剖或生理的书,依个别动物分。比方,"袋鼠的乳房腺",分入袋鼠。

（丙）假使这个动物是用来作为试验的例子,依器官或系统分。比方,"大脑外层的发展在鼠的试验中得到了证明",分入大脑外层。

（8）人类学和医学以及历史学都有密切的关系。人类学是研究人类的骨骼,头颅,体质,皮肤,等的共同点和不同点,以求出人种的特征,比方,"山东人体质之研究",分入人类学。医学是研究人体一般结构,生理,等等,比方,"人体结构与生理",分入医学。从人类自然结构的特征来研究的是人种学,属人类学范围;从文化社会方面来研究人类种族问题的是民族学,属历史学范围。"世界人种志","中国人种考",分入人种学。"亚洲民族反帝运动史","印度民族运动",分入民族史。

（9）研究细菌学问题的书,分入 R5 微生物学。假使从医学方面研究细菌学的,比方,"微生物学及寄生虫",分入医学。假使是研究农业方面的,比方,"土壤微生物学",分入农业土壤学。假使是研究工业方面的,比方,"食品微生物学",分入食品工业。把细菌应用到战争方面的,像美帝国主义者在朝鲜实行细菌战分入朝鲜战争。

4.综合性图书分类法

综合性图书或总类,也叫普通类。这一大类的设立是为了若干类的图书,它们的内容,像苏联百科全书几乎涉及分类表所有类目，像新华月报，学习杂志所刊载的：哲学，政治，经济，科学，文艺，历史，等等都有。这些类型的图书不能分入哲学类，也不能分入社会科学类，或自然科学类。所以图书分类法特设一大类来容纳。这一大类的分书方法有下列几类是需要特别提出加以说明的：

（1）目录 书目

首先讲讲目录二字的意义。目，是人的眼睛，象形；后由象形眉目生出凡目，节目，条目，篇目，书目等。錄，是录的变体字。录是用刀在木或金石上刻字的声音。古人把文字著在方策，所以叫做录，即从上面的意义引申而来的。"汉书艺文志"："每一书已，向辄条其篇目，撮其旨意，录而奏之。"由此可知，录，就是"撮其旨意"的文字了。

目录二字的连用，始于刘向的"别录"。"汉书艺文志"叙传："刘向司籍，九流以别，爰著目录"，这就是以目录名书的开始。郑玄"三礼目录"一卷，篇名下面有训释，多至数十百言。这是说目录体例：篇名是目，训释是录。所以必有篇目与叙录，才能叫目录。"隋书经籍志"："向歆之后，不能辨其流别，但记书名而已。"这是书目，不是目录。

目录与书目的分类同样处理。普通目录或书目，分入 Z1，专门目录或书目依类分。个人书目，或关于一个作家的书目与他的著作同类。

（2）百科全书 类书

凡是依类别的体例来编的书叫做类书。类书有一般性的，有专门性的。怎样分法是需要明确的。我国以往类书的性质和今日的百科全书相同。宋王应麟说："类事之书，始于皇览。"魏曹丕叫王象等"撰集经传，随类相从"，称为"皇览"。这是说，"皇览"这一部书是根据经传的内容来编的。是不是还搜集有其它典籍的资料，因为这部书已经残阙，就无从知道了。荀勖的"中经新籍"把"皇览"与"史记"，旧事，杂事都列为内部的类目，"隋书经籍志"把"皇览"列入子部杂家。"旧唐志"把它列入子部类事。"新唐志"称为类书。类书的名称从这个时候才确定了。郑樵的"通志艺文略"把类书独立成类，为十二类的第十一类。到了清章学诚又把类书分散列入故事，总集，杂家。"四库全书总目提要"仍成立类书一类列入子部。所以以前对于类书的分类，是聚散不定的。前燕京大学图书馆把类书分为：类事，典故，博闻，典制，姓名，稗编，同异，鉴戒，蒙求，常识等十门。这个编制纯粹根据体裁，不论是一般性的或专门性的都不分，这与分类的原则是不符合的。比方，它把陈炜的"经传绎义"，徐天麟的"西汉会要"，刘长华的"历代同姓名录"，顾起元的"说略"，等等都列入类书。这些书都应该依内容分入各类："经传绎义"分入经部，"西汉会要"与"汉书"同分。即是说，专门性的类书分入各类。一般性的，即根据不同类的典籍来编的类书分入总类。比方，"艺文类聚"，"初学记","太平御览","册府元龟","锦锈万花谷","事文类聚","玉海","永乐大典","唐类函","古今图书集成","渊鉴类函","九通","广学类编",等等都是。

中、小型图书馆图书分类表把辞典和百科全书列为Z综合性图书的类目,下面注明各种字典,分入"J语言文字学"。百科全书是综合性图书列入Z类,没有问题。至于把辞典也列入Z类,不列入J类,就有问题了。字典就是字书,是解释字的形,声,义的。因为是解释字的,所以叫字书。字书是旧时一般字典的通称。字典的名称很多,最早的字典叫篇,比方,"史籀篇"。以后又叫仓,比方,"三仓"。又叫雅,比方,"尔雅"。又叫通,比方,"正字通"。又叫诂,比方,"经籍纂诂"。又叫:字海,字统,字林,字源,等等名称很多。现今的字书,大都用字典这一名称,一般分为:字,词,辞。比方,陆尔奎编"新字典",王烈编"理化词典",朱起凤编"辞通"。词是本字,辞是借用,词辞通用,经传就是这样的。辞典在现今来说多附有插图,也附有表格统计数字,也有专门名字甚至书名,对专门科学名辞也有较详的解释。虽是这样,但它仍然保持字典的本色。因此,字典和辞典都应列入J类。这是指普通字典辞典说的,至于专门字典辞典则依类分。比方,"理化辞典"分入P06。

（3）杂志

杂志的分类,中、小型图书馆图书分类表2在综合性图书之下注解："……属于专门学科者,按照内容,分入各类。为了参考方便,得在分类号码上,冠以"△"符号(杂志用"卄")集中排架"。意思是说:普通杂志分入 Z4,专门杂志分入各类。为了参考方便,可以在杂志前面加上"卄"符号,集中排架。

我认为杂志前面加上"卄"符号,没有这个必要。所谓专门杂志分入各类的意思是:比方,数学类的号码是 P1,数学杂志分入 P1,加上一般复分表的号码 07,即 P107 是数学杂志的号码,这已足够与其他号码区别了,不论集中排架与否都没有加上"卄"的必要。

数学杂志所刊载的都是数学方面的问题,它的内容与性质比较容易确定。但是,有些杂志就不是这么容易确定了,它的内容与性质是要根据:1 名称。2. 编辑刊言。3. 目次来决定的,这是一点。还有一点,有些杂志出版之后,中途改变名称,但内容和性质没有改变,怎样处理有二种方法:1. 假使它的卷期是继续的,则与原名杂志的号码同。比方,"中学生"1949 年改名"进步青年",但期数是继续的,因此,"进步青年"的号码和"中学生"同。2. 假使它的卷期不是继续的,就改著者号码。比方,"新观察"原名"观察",名称卷期都改了,它的著者号码因此也应改换。

(4)丛书

中、小型图书馆图书分类表主张"中国经籍的群经合刻"分入丛书,各种经籍的单行本,按内容分入各类。关于这个问题以后在专题讲授这门课再讨论。现仅就丛书来讲。

丛是聚的意思,也是总的意思,众的意思。所以总聚众书成为一部书的,叫做丛书。丛书,一般来说,可以分为普通丛书和类别丛书。几种不同类而都可单独印行的书合刻成一部书的,叫做普通丛书。几种同类而都可单独印行的书合刻成一部书的,叫做类别丛书,或专门丛书。丛书的名称是从唐陆龟蒙的"笠泽丛书"开始的。但这本书的内容是诗文别集,不合于丛书的体例。陆氏因为他的书丛杂细碎,所以叫它为丛书。"唐志"把它列入集部是对的。真正的丛书要算宋宁宗嘉泰二年(1202)俞鼎孙辑刻的"儒学警悟"。再就是宋度宗咸淳九年(1273)左圭刻的"百川学海",到明朝吴永的"续百川学海","再续百川学海","三续百川学海",但都不及左氏的书。至于冯可宾的"广百川学海"有人怀疑它是正续"说郛"的抽印本。宋人辑刻丛书不多,明人喜刘丛书,但大多庸滥之作。比较好的有:陶宗仪的"说郛",程荣的"汉魏丛书",毛晋的"津逮秘书",钟人杰的"唐宋丛书",陈继儒的"宝颜堂秘笈",钟惺的"秘书十八种",等等。清人辑刻丛书不但多,而且精。比方,康熙间:张潮的"昭代丛书",张百行的"正谊堂全书",等等。乾嘉间:张海鹏的"学津讨原",黄丕烈的"士礼居丛书",鲍廷博的"知不足斋丛书"，毕沅的"经训堂丛书"，孙星衍的"平津馆丛书"，阮元的"文选楼丛书"，黄奭的"汉学堂丛书"，冯国翰的"玉函山房辑佚书"，等等。道咸以来：蒋光煦的"别下斋丛书"，钱熙祚的"守山阁丛书"，伍崇曜的"粤雅堂丛书"，黎庶昌的"古逸丛书"，陆心源的"十万卷楼丛书"，张钧衡的"适园丛书"，等等。民国以来：涵芬楼（商务印书馆）的"四部丛刊"，"四库珍本丛刊"，"万有文库"，"丛书集成"，"大学丛书"，等等。再有些大学也出版丛书，比方，北京大学，武汉大学等丛书都是。当时还出版了许多宣传马克思列宁主义的丛书，比方："社会主义研究小丛书"，"新青年丛书"，"康民尼斯特丛书"，"中国青年社丛书"，"社会科学名著译丛"，"文学研究会丛书"，"中外科学丛书"，"世界科学研究会丛书"，"社会科学丛书"，"中外研究学会丛书"，"上海社会科学研究会丛书"，等等。中华人民共和国成立后，几年来出版了不少的丛书，有的是普通丛书，比方，"工农兵故事丛书"；有的是类别丛书，比方，"太平天国史料丛书"。类别丛书应依类分入各类，比方，"增订化学工业大全"，分入 W108，王国维的"艺术丛书"，分入 L08，朱祖谋的"彊村丛书"，分入 K5308。普通丛书，假使是线装而每种不都是可以单本印行的，不宜拆散分类，比方，张潮的"昭代丛书"。假使含有保存意义的古书汇刻，就是每种单本印行，或可以单本印行，也不宜拆散分类，比方，"四库珍本丛刻"。至于像"北京大学

98

丛书","武汉大学丛书",每种都是单本印行的,应依内容分散。再残缺不全而应分在一处的丛书,假使残缺过多不能补配,即拆散分类。

肆　著者号码与索书号码

一、说明

　　一本书的号码是由两种号码组成的：一是分类号码，一是书籍号码（简称书码）。分类号码是把这一类的书从另一类的书分开。书籍号码是把同类的这本书从另一本书分开。这样，两个号码组合起来就使每一本书专有一个号码，没有两本书同一号码的。因为索取图书时是根据这个组成号码，所以叫它为索书号码。它的功用是把这本书从其余的书区别开，使它与同类的书依次排在一处，同时使它在书架上有一个固定的地位，出纳取放不会错乱。

　　书籍号码包括：著者，书名，版本，卷册，等号码，而著者号码是书码的基本组成部分，它是根据著者号码表而来的，正如分类号码是根据图书分类法而来的一样。所以分书不仅要学会怎样用分类法，还要学会怎样用著者号码表。著者号码表是把所有著者的姓氏依据一种检字法的顺序而排列的，每一个姓氏前面各编有一个固定的号码,这样组成一种号码表,叫做著者号码表。

著者号码一般的说是以一本书著者的姓名编制出来的。假使一本书没有著者,只有编者,或译者等,那么,著者号码就要以编者,或译者,等的姓名来编制了。假使一本书的原著者,译者,或注释者都有,著者号码就以原著者的姓名来编制,但号码后面要加译者,或注释者的姓氏第一个字的符号,以与原著或它种译本,注释本有所区别。假使一本书的著者是机关,团体,或书店,著者号码就要根据机关,团体,或书店的名称来编制了。假使一本书没有著者,或著者无从查考,就以书名编制著者号码。杂志,报纸这一类的期刊都以刊物名称编制著者号码。

我在上面说过著者号码是书码的基本组成部分,此外,还有根据著者名字,书名,版本,卷册,而取的附加号码,或辅助号码。这是因为:一个著者在同一类中写了二本或以上的书。既然是同一类,二本书的分类号码就相同了,又是同一著者,那么,著者号码也是相同的,怎样区分呢?以书名第一个字的号码附加在第二本书的著者号码后面来区分。假使第一个字相同,就以第二个字的号码来区分。假使二本或以上同类的书,著者的姓氏相同,名字不同,就以第二本书著者名字的第一个字的号码来区分,第一个字相同,就以名字的第二字的号码来区分。同一本书有许多译本,以译者姓氏的第一字的号码来区分。再两本书是一样的只是版次不同,就要以版次的数字附加在第二版或以上的著者号码后面来区分。一本书分成几卷或几册出版的，就把卷数或册数另行写在著者号码下面。

一个著者往往用不同的笔名发表著作，这就要以他常用或最著称的笔名编制著者号码。一个作家有哪些笔名我们不容易知道，因此，必须翻查参考工具，一个作家的译名也往往不同，也有翻查参考工具书的必要。"中国人名大辞典"，"世界人名大辞典"，"现代中国作家笔名录"，"现代作家笔名考"，"标准汉译外国人名地名辞典"，"古今人物别名索引"，"外国著者统一译名表草稿"，等都是这方面主要的参考工具书。

二、著者号码表

著者号码表很多，我国图书馆采用比较多的，在目前中文书有："四角号码检字法"，"拼音著者号码表"；西文书有："克特著者号码表"，"俄文著者排法"。西文著者号码表以后再讲，现就中文著者号码表来讲。

1. 四角号码检字法

四角号码法著者号码的取法是：著者的姓氏取左上右上两个号码；名字取两个号码，假使是双名，取名字的第一个字的左上角，第二个字的右上角；假使是单名，取名字的左上角和右上角，合起来的四位数就是著者号码。比方，赵树理的著者号码是 4946。茅盾的著者号码是

4472。

这种取法很简单，不用表，只要学过"四角号码检字法"的都会用。这种方法有缺点：（1）有些同一类书同姓著者不能排在一起，异姓异名的著者反而排在一起了。（2）取笔规定不全都一律。为什么两单笔可取要取最左最右者为角？两复笔可取则又取较高较低者为角。（3）所依据的字体没有一定。以反为正，以反为误，是承认铅印形体为正，手写形体为误。但以真为正，以真为误，是又以手写为正了。现今大力推行简字运动，而简字是陆续发表的，那么，取角时以楷字为正呢？还是以简字为正？这是四角号码法不能两全不易解答的具体困难。

2. 拼音著者号码表

这个表是把所有姓氏按国音罗马字母拼音排列的，每一个姓都有固定的号码。它后面附有四角号码索引。编制著者号码时，首先根据著者姓氏的拼音从表中查出他的号码。不会罗马字母拼音的，查索引也同样可以查出。比方，赵树理的号码不论根据表或索引都是 C384。

这个表的优点是：每一个姓氏都有一个号码，某姓的著者比较多的，像赵姓，张姓，等都有二十几个号码。因此，同类同姓著者的书，号码不容易相同，不像四角号码法的著者号码往往产生像上面所说的现象：若干不同姓的著者而有相同的号码，若干同姓的著者号码反而不相同。

但也有缺点:(1)不详尽,比方,外国著者的译名没有号码。(2)有些符号费解,有些符号的意义不明。再像WANG 王①i224,王①i。225 是什么意思,都没有说明,排检更不便,也不符合号码以简单为原则这一要求。严格来说,这种是不必要的。(3)方法间接,在拼音文字没有实现以前,用时必须把姓氏变成罗马字母拼音。所好后面有索引,用起来比较方便。(4)在些字拼音不规则,比方,刘,一般的拼音是 LIU,但拼音著者号码表是 LEOU。(5)字母后面加点不一律,比方,凡有重音符号的姓氏在字母后面加一点,但若干姓氏没有重音符号的也在字母后面加点,比方,HSIA 夏,XEÜ 许,MIU 牛,SHAO 邵,等等都是。

拼音著者号码表用法举例:

(1)著者号码表中姓氏列有两个或以上的号码时,采用那一个号码是要以著者名字的第一字的第一字母来定的。假使名字的第一字相同就以第二字的第一字母加在著者号码后面。比方,

甲、周建人 = C669(建 = CHEIN)

周树人 = C679(树 = SHU)

乙、陈大齐 = C、392T(齐 = TS)

陈大延 = C、392Y(延 = YIEN)

(2)编制同类同著者的著者号码,用书名第一字的第一字母加在著者号码后面。第一字同,用第二字的第一

字母,第二字同,用第三字的第一字母,……加在著者号码后面。比方,

甲、丁玲(太阳照在桑乾河上)＝T483T(太＝TAI)

丁玲(延安集)＝T483Y(延＝YIEN)

乙、王思立(统计学)＝W243

王思立(统计学通论)＝W243T(通＝TONG)

(3)编制同类同著者版次不同的著者号码,用版次的数字加在著者号码后面。比方,

胡绳(帝国主义与中国政治)＝H499

胡绳(帝国主义与中国政治改订版)＝H4992

(4)两人或以上合著,采用第一个著者的号码为著者号码,号码后面加上第二个著者姓氏第一个字母。比方,

王惠德,于光远合著(中国革命读本)＝W228Y(于＝YU)

其它举例可参看钱亚新的"拼音著者号码表"。

还有别的著者号码表,比方,杜定友的"杜氏著者号码表",袁涌进改编的"著者号码表"等,用起来更不方便,因此不一一介绍。这些著者号码表之所以不能达到普通应用的,是因为它们都有不可克服的困难。症结所在,还是在于字体。汉字拼音化实行之后,著者号码表的问题比较容易解决,因可仿照胡正支编的"俄文著者排列法"来编制著者号码。胡正支编的排列法是否还有待于改进的地方,这就靠编者本人以及我们大家的努力了。

伍　分类目录及其组织

一、分类目录概说

1. 分类目录的意义

我们都知道图书馆的任务是要尽量把藏书内容向读者揭示出来，把优秀的图书推荐给他们，满足他们的需要。分类目录就是为实现这个任务而编制的。

它是宣传图书和指导阅读的首要工具，这对每一个图书馆都有重大的意义。宣传图书不是像资本主义国家的图书馆那样只是在形式上罗列一些著录，作为一种查书找书的工具。在我们的图书馆，它是作为一种有高度思想内容的工作。它不仅是显示给读者最好的书，便利他们选择所需要的书，并且是对他们进行共产主义教育，指导他们阅读最有力的工具。这在本质上是不同于资本主义国家分类目录的。

一般的说读者到图书馆找资料主要是根据类别或题材，根据书名和著者姓名来找资料是不多的。这是由于个人记忆的有限，更主要的是：根据书名和著者姓名所能找得的资料是非常有限。除非是找个别特定的书要根据书名或著者姓名来找，一般找书是根据类别的。读者研究一个问题，他不知道图书馆收藏了关于这一问题的资料有多少，那些书中可以找到有关的资料，因此，就不得不根据类别在分类目录来找了。

2. 分类目录的性质

根据类别在分类目录寻找资料涉及了这样一个首先需要解决的基本问题，就是关于图书馆藏书在分类目录中是否全部反映出来的一个问题。由于社会主义和资本主义制度有着本质的不同，因此，对这个问题的解答存在着两种相反的看法。资本主义国家的图书馆学者认为分类目录是"图书馆藏书的清册"，而为各种各样读者所需要的参考工具。既然这样，分类目录就应当详尽无遗的把馆藏全部图书反映出来，读者就可尽量充分的利用全部藏书了。

苏联图书馆学者批判了以分类目录为图书分类清册，仅仅是一种参考工具，不体现目录作为宣传图书和指导阅读的思想作用这种极端形式主义的看法。他们主张读者使用的分类目录，即读者分类目录应当是："为了读者的共产主义教育和积极协助社会主义建设而宣传图书，指导阅读的一种工具。"把那些没有价值甚至有毒的图书列入读者分类目录是不对的。它会使读者迷失政治的和科学的方向。读者分类目录应该是一种推荐性的目录,必须在逻辑上有根据在实践上要起到政治思想教育作用。

苏联图书馆管理局对读者目录指令中有这样的指示:"在目录的各有关大类中反映最有价值的书籍,特别是马克思列宁主义的经典著作,党和政府的决议,以及那些宣传苏联科学技术的成就而内容又是多方面的书籍。"因此,某些苏联图书馆学者提出这样的主张:分类目录只能反映最好最有价值的图书,所有不适合于马克思列宁主义世界观的图书不反映在读者分类目录中。

安巴祖勉认为这是不正确的,他说:"按照这样说法,革命前的绝大部分出版品,其中包括着具有很大历史价值的经典著作,将不会反映在读者目录中。某一些图书馆已开始走上这条路。在我们看来,这个是非常限制了读者目录的成份。……这样组成的目录,在读者眼中是失掉大部分藏书的。这可以说是因为在这一重要问题上缺乏清晰明显的目标的缘故。……我们认为:正确解决这一问题的方法,不是在读者目录中仅仅反映最好的书籍,而是由其中剔除那些显然陈旧的,失掉科学价值的书籍。"此外,"有些出版品,虽然对广大群众已失去其价值,而在个别的场合,对于科学工作者和具有高等能力的专家们,还可能是有用的。倘若将这类出版品都从图书馆藏书中剔除出去,也似乎是并不适当。"

因此,他主张图书馆应该有两种分类目录:一种是经过选择的读者分类目录,专供给读者使用;一种是反映全馆藏书的分类目录,供图书馆员作各种参考即作公务用的和个别读者作科学研究时参考用的。

3.各种类型图书馆分类目录

安巴祖勉所提出的主张只是一般性的。许多图书不可能无条件的被列入读者分类目录,这是要看提供给什么样的读者使用。同样一本或一类的图书在某一类型的图书馆可以批评的提供给读者,但在另一类型的图书馆就不可以了。不同类型图书馆的读者所需要的图书是不同的,兴趣也是不相同的。

比方说,综合性大学图书馆反映藏书内容不同于省级图书馆,综合性大学图书馆和省级图书馆藏书数量都很大,藏书内容范围都很广。但是,由于服务对象的不同,他们成份的不同,反映在读者分类目录中的图书,就不能用同一个尺度来处理了。在省级图书馆"一些失去现实性和科学价值的图书,在使用很广的目录中反映上述图书,就会妨碍读者选择他们所必需的书籍,而且往往模糊他们选书的目标"。

不可否认的,综合性大学图书馆藏书中大量的文化遗产,许多陈旧的图书,在科学研究方面,在校雠考证方面,都是需要的参考书。这些书在读者分类目录中反映出来,我们不能说不起到一定的作用。怎样反映是需要我们图书馆学者作深入一步的研究。

4. 分类目录与它种目录

读者分类目录必须列入馆藏全部优秀的图书,把每一类中最好,最有价值的图书介绍出来。它应当是一种推荐性参考工具,通过它读者就可选择有关所研究某一问题的必须阅读的书。而馆藏全部图书在公务分类目录又都得到反映。那么,图书馆仅仅具备二种分类目录就可做到使读者毫无困难的搜集他所需要的馆藏资料吗?不能这样看。

分类目录对一般读者是最基本不可少的工具,但是,它的功用是有一定的限度。它是根据图书分类法体系排列的,不明了这种体系的读者使用起来就感困难了。再者分类目录不能使馆藏专题性的题材充分的罗列出来。它不能答覆这样的问题:图书馆藏有某作家那些著作?它不能告诉读者关于某一问题的各方面的资料。它也不能在现有馆藏图书之外给读者介绍图书,帮助它们获得更多的资料,更不能对有关某一问题的书作全面的介绍。由于它的局限性,图书馆就有编制它种目录的必要了:辅助或补充目录,以及专门性目录。

在苏联一般图书馆都编有二种目录——分类目录(读者分类目录)和字顺目录。它们是以不同的方式反映图书的。字顺目录把一个作家的全部著作,他的传记,纪念集,讣闻等等都集中在一个地方,而这些著作在分类目录是依它们的内容散分在各类的。在分类目录中所反映

110

的不是馆藏有关他的全部作品以及全部研究他的作品，而是他的最有价值的作品。因为这样，读者分类目录是更能适合于宣传图书和辅导阅读的任务。这也是读者分类目录和字顺目录在功用上不同的地方。二种目录都是图书馆的基本目录，是相资为用的。

由于读者分类目录是依照各个知识门类的顺序排列的，它不能使图书全部内容全面的具体化。许多范围狭小的专题性的主题在分类目录中无法反映出来，而这些专题性主题的揭示对于藏书的利用，尤其在大型图书馆，综合性大学图书馆和专门图书馆是非常重要的。主题目录是为了完成这个任务而编制的，它对分类目录起着补充的作用，对某些类的读者服务得更好。它综合的揭示像这样一些现实性问题的图书，比方，"全世界保卫和平的斗争"，"荣获国际和平奖金的作品"，等等。还揭示像这样特种形式的图书，比方，乐谱，舆图，画像，等等。自然，也有若干图书馆认为把特种形式的图书单独编制目录更适宜些。这是因为不同类型图书馆的读者所要求的是不同的。

这些都是为了更充分的揭示各门类的藏书和向读者宣传以及指导阅读优良的藏书。但是，指导阅读的图书是不是一定限于现有馆藏呢？不一定要这样。由于某些具体的专门的需要，介绍性目录在某些类型图书馆就有编制的必要，馆藏以外的图书都可列入，它对专门研究工作有着很大的作用，它揭示给读者研究某某问题应当阅读的书。介绍目录在图书馆的目录体系中占重要的地位，它是分类目录的补充工具。

5. 分类目录与杂志索引

杂志或期刊是一种特种形式的图书。期刊索引与读者分类目录合并排列这一问题在苏联图书馆界有各种不同的主张。主张合并排列的，认为读者总是希望在同一个读者分类目录中找到他所需要的全部参考资料。不同意这个主张的认为，假使采取合并的办法，读者在使用分类目录时势必遇到这样的困难：因为分类目录被那些不重要的资料填塞得异常庞大，在选择所需要的资料时是要受到一定影响的。何况，期刊资料中有许多很快就要过时而必须及时清除的，这就要求分类目录更多的频繁的修改，使分编工作特别加重了。因此，又有这样的主张：分类目录与期刊索引分别编制，并把两种目录排在相近的地方，用参见办法把它们联系起来。

我们要指出，为了在读者面前揭示某些最现实的，在政治上特别重要的资料，在图书中对某些问题的资料还未能充分揭示出来的情形之下，就有必要把一些重要期刊论文及时的反映在读者分类目录中，尽管期刊索引已经列入了这些资料。因为有了期刊索引，并没有减除在读者分类目录中反映出那些为推荐和指导阅读所必需的期刊重要资料。

6. 分类目录的特点

从以上各段来看,分类目录的基本特点是:

(1)它是具有推荐性质的,因此,列入目录中的图书都经过慎重选择。因为,假使把有问题的图书推荐出来,或应当推荐的图书而没有得到反映,都会起到不正确的影响。自然,选书问题在今天来说是不容易做好的,这需要参考"图书评介","书刊介绍"一类的工具书和更重要的要请专家帮助。

(2)分类目录的内容要与图书馆的类型,它对读者的任务,以及它的藏书成份取得一致。就是说,省级图书馆或综合性大学图书馆的读者分类目录的内容都适合各自在读者服务工作方面的任务。

(3)可以把期刊中重要文章列入目录。在否定读者分类目录完全和期刊索引合并这一主张的同时,也注意到:为了保证能及时的向读者推荐各种知识门类中最新最有价值的资料,就得经常把期刊中最重要的资料列入读者分类目录。

(4)可以能动的把必需的资料充实类目。比方,以马克思列宁主义的经典著作充实到有关的各类。同样,假使某些图书所阐明的一些问题具有重大的政治意义。那么,这些图书在许多有关类中都要得到多次的反映。

(5)它具有高度的政治思想性,即是说它能表现或揭示一书的政治思想,正确的帮助读者提高他们的政治觉悟。同时也具有高度的组织性和整体性，因此，能成为图书馆宣传图书，指导阅读的主要工具。

由于读者分类目录具有这些特点，因此，对它的组织就有这样的要求：它必须有助于揭示整个图书的内容，以下再讲。

二、分类目录组织

分类目录是以分类体系和编目规则为根据而编制的一种具有高度组织性的目录。这种目录的组织有它一定的原则，它的著录也与别种目录有所不同。现分几点来叙述。

1. 原则

分类目录是由馆藏全部优秀图书的著录或款目组织而成的。每一著录都是依照所采用分类法的类号来排列。由于我们还没有以马克思列宁主义理论做基础全国通用的统一分类法，各图书馆所采用的现行分类法在理论上和技术上都存在一些问题。因此，分类目录中所有著录的排列顺序就不能纯粹依照分类体系来组织了；不然，就会走上资本主义国家图书馆形式主义排列方法的道路。我们的分类目录须有一定的组织原则，它必须在逻辑上有根据和更重要的在政治上是正确的。

为了把马克思列宁主义经典著作以及最优秀的著作提到目录的最前列，苏联图书馆学者提议依照图书内容的政治思想性把每类著录分成几组。祁西列娃分成四组:(1)马克思列宁主义经典作品(依马克思,恩格斯,列宁,斯大林顺序);(2)党和政府的决议和一切指示(依反纪年顺序);(3)党和政府领袖的讲演,苏联各著名学者的著作,和关于该问题的古典作品(依著者字母顺序);(4)其他书籍(依出版年的反纪年顺序)。

安巴祖勉认为反纪年式的顺序是不能接受的,因为:"第一、它将引起一个著者所写的一类书籍内部散乱;第二、用反纪年式的顺序,要想找一本书籍的目录,必须知道它的出版时日;最后第三、用反纪年的顺序,并没有脱离开同一年代出版书籍的卡片照字母排列的必要性"。

因此,他主张每一类著录的排列应当按照这样的顺序:"一、马克思,恩格斯,列宁,斯大林的著作;二、党和政府的决议案,党和政府领导人的报告、讲演、言论;三、其余一切的书籍(照字母的顺序)"。所谓"其余一切的书籍(照字母的顺序)",安巴祖勉的意思是指同一类号的图书按照索书号码排列。

分类目录的基本目的就是为了帮助读者培养马克思列宁主义世界观,发扬爱国主义和国际主义精神来完成社会主义建设事业。马克思列宁主义经典著作最能帮助我们达到这一目的。因此,把马克思列宁主义经典著作集中一类排在最前列,同时必须特别注意在目录的各类中,各相关类中的首要地位,使每一经典著作按照具体内容得到必要的多方面的反映。

伏诺托夫说:"图书馆最重要的任务之一是在读者分类目录的各类目内,全面反映出马克思列宁主义经典作家的诸著作,应当用一切方法帮助那些对科学一定部门感兴趣的读者,研究马克思列宁主义经典作家在该知识领域内的著作和与之有关的意见"。而在每一类中"都应以有关某一门类的马、恩、列、斯著作的著录来开始"。

关于马克思列宁主义经典著作单行本的排法,人大法主张按年月日次序排列,我认为应依书名字顺排列。至于党和政府的决议案,党和政府领导人的报告、讲演、言论,最妥按照反纪年的顺序排列,这就使我们迅速的找到最近最重要的指示。其余的书(指同一类号的书)按照著者号码排列。

2. 著录

班固汉书叙传:"刘向司籍,九流以别,爰著目录。"这是我国编制图书目录的开始。向歆父子著录方法:凡一书的书名,著者,篇数,版本等,无不"校雠同异","考镜源流",并作叙录。可惜,向歆以后的目录,只记书名,簿属甲乙(即分类)。著录苟简了,著录的本意也就丧失了。虽然,清乾隆时编辑的"四库提要"恢复刘氏旧法,但只是停留在旧阶段。今日我国各门学术都在蒸蒸向上,图书著录因之也要进一步的发展。

今日的目录已不是以簿式(书本)为主要形式,所有图书馆几乎都采用卡片形式。因此,分类目录的形式最普通的是卡片式。个别图书馆也有采用书本式的或活叶式的。书本式的往往作为卡片式的辅助工具。不论所采用的是那一种形式,它的著录事项是一样。每一著录通常分做八项或八栏。第一项是书名项,著录书名,副书名。第二项是著者项,著录著者姓名,假使是合著者,或有注释者,或翻译者,或校订者等,其姓名也应著录。第三项是出版项或版本项,著录出版者,出版地,出版时,版刻(木刻、铅印、石印、影印,等等),版次。第四项是图卷项或稽核项,著录册数或面数,行款,大小,图表,照片等。第五项是附注项,著录附录,丛书名称,本书别名,书名解释和考证等。第六项是提要项,或解题项,著录本书中心思想,源流,派系,以及评述它的得失,价值,和影响。第七项是号码项,著录本书索书号码,是本书在书架上特定位置的符号。第八项是标题项或类名项,著录本书各个主题,它们的号码(标示各个主题在分类目录中的位置)。

每一著录是按索书号码,主题号码排列的。假使图书馆收藏一本有几种不同版本的书,每一版次就须有一个著录,按出版年先后依反纪年顺序排列。这是与旧时著录方法不同的地方。旧法在收藏不同版本时,只在原有的著录上每次加上一行著录,不单独另作著录。这种著录法无疑的使最早的版本最先反映给读者,是不符合于今日要求的。苏联图书馆学者主张每一版次各做一个著录,最新或最近的一版排在最前列。并主张在分类目录中只反映最后一版,附注:"本书所有前版,见字典式目录"。

这是由于苏联某些图书馆"在马克思列宁主义经典著作的类目中,有时同一种著作竟编列数达十五种以上的版本",认为"这是一种不良的编制"。因此,主张"在图书馆具备字典式目录的情况下,供读者用的分类目录不应排入太多数量的卡片。必须明确,首先应当把马克思列宁主义经典者作之最新的,最好的版本介绍给读者"。这是正确的,把一本书的所有各版都排在分类目录没有什么意义,可以在字典式目录中详尽的反映馆藏所有版本。但是,这不能机械的毫无变动的搬用于所有图书,在某些特殊情况下就不可以用同样的方式来处理。比方,大英百科全书第九版有些资料是以后各版所没有的,有时需要参考,因此,在分类目录中也应反映出来。

3. 提要

"汉书艺文志"说:"刘向校书,每一书已,辄条其篇目,撮其旨意,录而奏之。"阮孝绪"七录"序:"刘向校书,辄为一录,论其旨归,辩其讹谬,随竟奏上,皆载在本书。时又别集众录,谓之别录。"

"旨意","旨归",就是一书的大意,论述本书得失的,也就是我们所说的提要。"隋书经籍志"说:"向歆之后,不能辨其流别,但记书名而已。"即是说向歆以后的目录,只记书名，没有录（提要）了。到宋王尧臣等的"崇文总目"每类有序，晁公武的"郡斋读书志"，陈振孙的"直斋书录解题"只在四部各作一总序，至于各类，没有论说。至清修"四库全书总目提要"才有总序，有小序，每书都有提要。我国旧时目录有提要的数家而已：向歆父子的"别录""七略"，久已失传；王尧臣等的"崇文总目"原书已失，清嘉庆时钱东垣等搜辑"崇文总目"原叙原释成"崇文总目辑释五卷，补遗一卷"。因此，只有"四库提要"才是完整的。

提要是分类目录中最艰巨而又最重要的一种工作，最能帮助读者正确的选择他所需要的图书。每一类下面都以简要的文字把这一类的旨意，流别等叙述出来。每一本书下面都把书的内容，优劣得失反映出来。这对于读者特别有用。但是，对于一门学问一个著作没有研究的，或者说对这门学问没有专门知识的是不能写提要的。同时，由于这个工作极费时间，大多数图书馆的分类目录是没有提要的，在苏联只有几个大型图书馆才有。一般图书馆只在每一类下面把它的下位类目列出表示它的范围。在每一本书下面把它的目次列出表示它的内容。这是不够的。

伊凡诺娃说："只叙述该书的内容是不能成功的。解释工作应当举出该书的价值和特点，说明该书在其它许多关于一事物的参考书中间的地位，讲清该书如何可以被一定的读者利用,期使读者对该书发生兴趣,愿意把它读完。"

自然,担任编制分类目录工作者不可能具备各种专门知识来反映和鉴别所有图书的内容。因此,就有必要利用它种参考资料。为了尽可能把分类目录中各书的内容,它的特点,缺点反映给读者,他必须经常注意各种刊物上的书评,把主要点摘录下来,记在各该著录的提要项。越来越多的书评发表在各种刊物上,比方,报纸上的副刊,杂志上的书评,出版社印发的书刊介绍,等等。这些都是为写提要非常好的参考资料。

尤其要注意的是:经典作家的评论。比方,1848 年出版的"共产党宣言",列宁说:"在这部著作里,用天才透彻鲜明的笔调叙述了新的世界观,即包括有社会生活在内的彻底唯物论,作为最完备最精深发展观的辩证法,论阶级斗争和共产主义新社会创造者无产阶级所负全世界历史革命使命的学说。"这是"共产党宣言"最正确的评价,把它作为提要是最好不过的。

4. 互著

我们知道由于一本书在书架上只占一个位置,因此,每本书只用一个类号来标志这个位置。但是,一本书对几个类往往都是重要的,在这些类必须都作著录。这种重复著录就是互著法,或互见法。

互著法从"七略"就开始了。"七略"在兵书权谋家这一类列有：伊尹、太公、管子、荀卿子（汉书作孙卿子）、鹖冠子、苏子、蒯通、陆贾、淮南王九家的书，在儒家又列有荀卿子、陆贾二家的书，道家又列有伊尹、太公、管子、鹖冠子四家的书，纵横家又列有苏子、蒯通二家的书，杂家又列有淮南王一家的书。兵书技巧家有墨子，而墨家又列有墨子。这十家都是一书重复互著。"汉书艺文志"把它们"并省"了，这是因为不明了刘氏的"家法"。不过，班固在本文下注"并省"说明，后人还能考正"七略"互著之法是怎样的。

所以，互著就是把一本对几个类都重要的书，在这些类都著录出来。安巴祖勉说："这不仅因为这种书的内容研究着几个问题，而主要因为这种著作的实际价值和内容，对于各个相当的门类都是根本和主要的。"比方，1867年马克思的天才著作"资本论"第一卷出版了，第二第三两卷由恩格斯出版的。"资本论"是创立马克思学说三个互相有机联系的组成部分——辩证唯物论，政治经济学说，科学共产主义——的巨大发展。这本书在哲学，政治经济学，共产主义都要著录出来。"假使不这样做"，安巴祖勉说，"那么，所列举的几个门类的内容就贫乏了"。

互著的著录格式和一般著录一样，主要不同点必是把互著的类目号码写在特定的地方。这个地方有的主张在卡片圆孔的右方，有的主张在卡片圆孔的左方，有的主张在索书号的上方用红色写出。为了避免混淆，我认为写在圆孔的右方较好。这个号码只是表示这一著录应该排在分类目录中的那一类，至于本书的排架是需要根据索书号的。

5. 参照

参照也是互著，但与互著不全一样。互著是对一本书来说的，参照是对一类来说的。一本书对几个类都重要，应该在那几个类得到反映，上段已经指出了。但是，类目中有许多是互相关联的。章学诚在他的"校雠通义"一书中指出："经部易家与子部之五行阴阳家相出入，乐家与集部之乐府，子部之艺术相出入，小学家之书法与金石之法帖相出入。史部之职官与故事相出入，谱牒与传记相出入，故事与集部之诏诰，奏效相出入。集部之词曲与史部之小说相出入。子部之儒家与经部之经解相出入。史部之食货与子部之农家相出入。"这些类的书都是相资为用的。

因此说类与类之间许多是互相关联的，这些类的书的内容必然的也是互相关联的，这一类全部的或大部分的书就要一一互著在另一相关联的类，这样，分类目录势必特别庞大，用起来就不便了。为了节省互著，免除这种的不便，这就要用参照法了。

参照法是把相关联的类联系起来，互相引见对于搜集资料是有很大帮助的。比方，易经　参见　五行阴阳家（号码）。

6.分析

分析就是目录学上所说的"别裁"。章学诚说:"《管子》,道家之言也,刘歆裁其弟子职篇入小学。七十子所记百三十一篇,《礼经》所部也,刘歆裁其三朝记篇入《论语》。盖古人著书,有采取成说,袭用故事者。其所采用之书,别有本旨;或历时已久,不知所出;又或所著之篇,于全书之内,自为一类者。……始有裁篇别出之法耳。"

图书写作的形式是各种各样的:有的图书只写一个问题或一个问题的一面,更多的图书涉及到两个或多的不同问题。因此,一本书往往在几个类都有用处,都应该在各该类反映出来。像丛书,丛刊,全书,论文集,等等这些书的内容是多方面的,许多涉及到几个类,对这些类来说都是不可缺少的资料,应当在这些类反映出来。但是,由于一本书只能用一个号码来标志,也就是说,一本书只能一次的在一个特定的类反映出来。一次的反映是不能使一本内容涉及几个类的书充分的发挥它的作用。所以,一本书它的内容,涉及两类或更多的类,必须把里面个别篇章,或个别部分,或个别附录在性质上属于另一类的"裁篇别出",即做分析著录把它反映出来。

安巴祖勉说:"倘若一本书的某章或某部分,对于正确了解这一种或那一种问题具有很大的价值,则必须作一分析卡片,并将其列入适当的门类,而且要在卡片上指出,究竟这本书的那一部分(一篇论文,一章,一个附录及其他),对于该一门类有关。"

分析著录的事项是:篇名(分析出的)著者,和原书书名,著者,版本,以及本篇在该书的卷数或面数。此外,本篇分类号码(以写在圆孔右方较好)。原书的索书号仍写在原定地方。

7. 指导片

分类目录中所有著录一般是采用卡片形式。为了更好的揭示目录的内容,如图书馆都采用导片或指导片。导片分:中间突起部分,有占全卡二分之一,三分之一的不同;左边突起部分;右边突起部分占全卡三分之一。第一级类目用中间突起二分之一的导片,第二级类目用左边突起的导片,第三级类目用右边突起的导片,第四级类目用中间突起三分之一的导片。这样错开排列更能显示出分类目录的系统性,更能指引读者利用目录快速的查到所需的资料。

每一级导片突起部分写分类号码和类目名称,突起部分下面空位(即导身)写提要。但是,写提要是一个艰巨的工作,我们已经指出不是一般图书馆所能胜任的。因此,在导身上面可以写它的下级类目显示出这一类的范围,并指出在它后面的卡片主要性质。或者在上面写着本类图书的排列方法,或其它说明。

此外,还要利用抽屉标签把每屉的著录从某类到某类显示出来。还要在目录近旁写目录使用说明。总之,尽一切可能满足读者在极大程度上利用这个工具。只有正确的运用各种方法来组织分类目录,我们才能使它成为宣传图书和指导阅读的首要工具。

克特著者号码表 CUTTER – SANBORN
3 FIGURE TABLE

一、结构

克特著者号码表分为三部分。第一是子音字母,除 S 与 Q,X,Y,Z 之外。第二是母音字母与 S,第三是 Q,X,Y,Z。第一部分的著者号码是由一个字母与一个数目,或二个数目,或三个数目组合而成。比方,一本 G. O. M.(W. E. GLADSTONE)著的书,它的著者号码是 G1,一本 ALEXANDER BAIN 著的书,它的著者号码是 B16,一本 WILHELM KON RAD RONTG 著的书,它的著者号码是 R669。字母代表著者姓氏的第一个字母,数目代表著者姓氏的其余字母。第二部分的著者号码由二个字母与一个数目或二个数目组合而成。假使著者姓氏开始的两个字母是 SC,著者号码则由三个字母与一个数目或二个数目组合而成。T,O,U 经常只用一个数目,II,IW,IX,IY,OO,UO,UQ,UU,SS,与 SX 一般不用数目。比方,一本 FRONZ SCHUBERT 著的书,它的著者号码是 SCH78,一本 JOHANN UHLAND 著的书,它的著者号码是 UH6,一本

126

TOKUGAWA LYEYASU 著的书，它的著者号码是 IY。第三部分的著者号码由一个字母与一个数目或二个数目组合而成。比方，JOHANN GOTTFRIED ZINN 的著者号码是 Z67。

二、普通著者号码

1. 取法。著者号码是根据著者的姓氏从克特著者号码取来的，我们在上面已说过。如何取法？现在举例来说明：假使我们在这个表中找 GRAVEN 的著者号码，我们就可找到他的号码是 782。因为 GRAVEN 是在 GRAVE 之后 GRAVES 之前，而 GRAVE 的号码是 781，GRAVES 的号码是 783，所以 GRAVEN 的号码就是 782。这样取法自然没有问题，但不是所有著者号码的取法都是同样的简单。现再举例如下：

97	HUT
971	– CHINSON
972	– CHINSON F.
973	– CHINSON J.
974	– CHINSON P.
975	– CHINSON U.

HUT 下面的——代表 HUT，那么 – CHIUSON 就是 HUTCHINSON。HUTCHINSON 下面的 CHINSON 代表 HUT – CHINSON，后面的 F. 或 J. 或 P. 或 U. 是

HUTCHINSON 的名字的第一个字母。一本 LXOYD HUTCHINSON 著的书,它的著者号码是 H973。或者有人要问为什么 HUTCHINSON, LIOYD 的著者号码取 973 HUTCHINSON J.,不取 974 HUTCHIMSON P.,这是根据 HUTCHINSON,LIOYD 与 HUTCHINSON J. 接近呢,还是与 HUTCHINSON P. 接近来决定的。同样

77	COO			BROWN		812
771	– K	= COOK		BROWN F.		813
772	– KJ.	= COOK J.		BROWN M.		814
773	– KR.	= COOK R.		BROWN S.		815
774	– KE	= COOKE		– E.	= BROWNE	816
775	– KR J.	= COOKE J.		– J.	= BROWNE J.	817
776	– KE R.	= COOKE R.		– R.	= BROWNE R.	818
777	– LIDGE	= COOLIDGE		– ELL	= BROWNELL	819
778	– LIDGE J.	= COOLIDGE J.				
779	– LIDGE R.	= COOLIDGE R.				

一本 JOSEPH COOLIDGE 著的书,它的著者号码是 C778,而 RICHARD COOLIDGE 著的就是 C779。因此我们也可以说著者号码是根据著者的姓名而来的。所谓著者在编目的意义来看是指著者项而言的。即是说著者号码不仅是从著者的姓氏或姓名取得,假使没有著者,也可从书名,杂志名,出版者,会社或团体名取得。

2. 书码。著者号码找得后,把这个号码写在分类号

码下面就构成所谓书码。再查书架目录，假使已有同样的号码就应加以区分，不能有两个书码完全相同。假使这个图书馆有 900,000 本书，就应该有 900,000 个不同的书码。不同的作家姓氏相同而所写的是关于同一问题的书，这两本书的书码自然相同，区分的方法是在著者号码加上一个数目，这个数目不是从克特表取得的，是随意加上的，即 SI 62 是 SINCLAIR，B. W. 所著 BIG TIMBER 的著者号码，S628 是 SINCLAIR，UPTON 所著 THE JUNGLE 的著者号码，SINCLAIR UPTON 写的小说很多，像春季与收获，产业共和国，超人，碳王，煤油，等暴露资本主义真相以及资本主义社会的丑恶。而 SINCLAIR，B. W. 假使只写一本又不重要，这个次序就需颠倒过来。这是关于著者姓氏相同的区分法。还有书名区分法。同一个著者对于同一个问题写了两本书，就用书名的第一个字母（冠词不算）加在著者号码后面。比方，假使 A. V. KOTOF 写了一本 PRINCIPLES OF TEACHING RUSSIAN LITELA-TURE。这本书的分类号码是 891. 707，它的书码必是 891.707K849P 才可与这个作家所写的 ELEMENTARY STUDY OF RUSSIAN 891. 707K849 区分。这是用书名第一个字母来区分书码的一个举例。小说书码的区分也是这样。因为小说的排列大多数的图书馆是依著者字顺的，小说的书特别多，所以著者总需加上书名的第一个字母。再一本书有两个或以上的书名时，用最著名的书名

第一个字母来区分,这样就可使一本有两个或以上不同书名的排在一起,比方:

F SH 31S SO EVIL MY LOVE. BY JOSERH SHEARING (PSEUD)。(ENG. TITLE:FOR HER TO SEE)。 LONG,MRS GARRIELLE MARGARET VERE (CAMPBELL)。

假使同一著者所写的关于同一问题的两本书,书名的第一个字母相同时,用书名的第二个字母来区分,即:

842 M269M   MAETERLINCK,MAURICE.
             MARY MAGDALEHE.

842 M269MI   MAETERLINCK,MAURICE.
             MIRACLB OF SAINT MNTHONY.

842 M269MO   MAETERLINCK,MAURICE.
             LA MORT DE TINTAGILES.

书名的前二个字母相同时,著者号码就用二个字母来区分,而同时需保持字顺排列的连续性,即:

F   P834M   PORTER,ELEANOR. MISS BILLY

F   P834MB   PORTER,ELEANOR. MISS BILLY
              ——MARRIED

F   P834MD   PORTER,ELEAMOR. MISS BILLY'S
              DECISION

3. 版次。分书的原则是同类的书排在一起,同类书中同一本书的不同版次排在一起,这样可以收到一书比

较运用的效果,不仅是与同类的其它各书有所区别。区分的方法有:

(1)同前一样采用克特号码。第一本书加上书名的第一个字母,第二本书除加上书名的第一个字母外再加上版次的数目,比方:

603　　　　　CRISPIN,F. W. DICTIONARY OF
　　　　　　　TECHNICAL TERMS. 1940.

C869D

603　　　　　CRISPIN,F. W. DICTIONARY OF
　　　　　　　TECHNICAL TERMS. ND. 6. 1945.

C869D6

603　　　　　CRISPIM,F. W. DICTIONARY OF
　　　　　　　TECHNICAL TERMS. ED. 7. 1946.

C869D7

假使分第一本书时没有加书名的第一个字母"D",分第二本书时有的主张在未加版次数目之前加上一个"A"。这样也可避免在一本书的各种版次之间 C869,C869A6, C869A7 参列别的书。最好是在第一本加入"D"。

(2)著者号码之下写年代,比方:

603	603	603
C869	C869	C869
	1955	1956

第二法显然使书码的项数加多了,一些图书馆不采

用。但加年代有它实际的意义,与第一法加版次数目的意义相同,告诉我们这本书是否是最近出版的。有些大图书馆采用第二法,特别是为了分科学的书。

4. 长度。我们认为小型图书馆采用克特号码表来分外文书可以从简:除小说与传记外一律用一个字母与两个数目。因此,BROWN 的著者号码是 B81,不是 B812。因为小型图书馆同一类目的书而著者姓氏的第一个字母相同需用三个数目的时候是比较少的。所以,有些小型图书馆不仅是只采用二个数目,还进一步采用更简单的号码,只用著者姓氏第一个字母就够,需要时加上一个数目或书名的第一个字母,即:

(1) C = CRISPIN　著:工业专门字母　第一版

　　C_6 = CRISPIN　著:工业专门字母　第六版

　　C_7 = CRISPIN　著:工业专门字母　第七版

(2) C, C_F, C_G, 等。

大型图书馆藏书多,为了使同类的书更易于区分,就不能不采用较详细的号码,三个数目之后还要加小楷字母或数目来区分。

三、传记著者号码

别传的排列一般图书馆都采取依被传者姓氏字顺的办法,因此,著者号码就需取自被传者,不取自这本书的作者。这样,一个人的所有传记都在一起,不因作者的不同而分散在各处。所有林肯的传记都在 L638，依著者姓氏的第一个字母排如下：

CEARNWOOD, G. B. B. ABRAHAN LINCOLN. L638C

JOHNSON, W. J. ABRAHAN LINCOLN. THE

CRISTIAN. L638J

MACE, W. H. LINCOLN THE MAN OF THE PEOPLN.

L638M

TEILLARD, D. L. ED. RECOLLECTIONS OF

LINCOLN. L638T

假使一个学者一生尽力于某门科学而有创作，或一生尽力于某门学术的研究自成一家言，比方，美术，音乐，哲学，等等，他的传记宜依类分。著者号码仍然取自被传者，不取自作者。比方，SHORT LIFR OF TOLSTOY. BY A. MAUDE，著者号码取自 TOLSTOY T588，再依作者姓氏第一个字母 M 排，即 T588M。

为要使总传与别传分别排列，同时使其紧密相联可以采用 OLIM 号码表，见杜威法第十二版，1240－1241面。比方，杜威法以 STRICKTANDS QUEMNS OF ENGLAND 与 ALIFE OF QUEMN AMME 为例，前者的著者号码是 A84（OLIN 号码），后者的著者号码是 AE74（克特号码）。A84 是总传的著者号码，AN74 是别传的著者号码，排架时 A84 自然排在 AN74 的前面，即总传排在别传的前面。

四、翻译著者号码

假使把一个作家的原著与译本排在一起可以把译者的第一个字母加在克特号码后面，比方：

HOMER LLIED，TR. BY POPE，书码是 883 H753IEP，883 是希腊史诗的分类号码，H753 是 HOMER 的著者号码，I 是书名的第一个字母，E 代表英文，P 是译者 POPE 的第一个字母。

五、批评或注解著者号码

批评或注解应与所批评或注解的书排在一起。因此，著者号码应取自被批评的作者，不取自批评者。比方，THE MORAL SYSTEM OF DANTE'S INFERNO BY W. H. V. READE。这本书的著者号码应取自 DANTE，这样就可与其他研究 DANTE'S INFERNO 的书排在一起。所以，这本书的书码是 851.1D236IR。

六、特别作家号码表

1. 采用特别作家号码表。HOMER，DANTE，以及其他著名作家在杜威法都有一个分类号码。HOMER 的号码是 883.1，DANTE 的号码是 851.15。假使作者号码也根据 HOMER，DANTE 取自克特著者号码表，一定会引起混乱，同时也是一个不必要的重复。因此，杜威法第十二版 1242 面编了一个特别作家号码表。杜威分类法讲稿也有这个表。A—N,O—Z 是著者号码的第一部分,比方,822.33 是 SHAKESPEARE 的分类号码;B 是 BIOGRAPHY OF SHAKESPEARE,B 之后加上著者姓氏的第一个字母,比方:

822.33

BF = FRIPP. E. I. SHAKESPEARE,MAN AND AVTIST。

2. 依时代排列。有的图书馆排列图书,尤其是科学书,善本书等按照出版年代的先后来次第。年代对于这些类的书是有重大意义的。但,假使纯粹用年代来代替克特号码而不加以改编,可能引起混乱。因此,BISCOE 编了一个年代号码表 BISCOE TIME UMBERS 来代替克特号码表,见杜威法第十二版 1239 面。这个表的用法是:

十九世纪及以后出版的,即从 G—Z,著者号码用一个字母一个数目,十六到十八世纪,即从 D—F,用一个字母二个数目,十五世纪及以前用一个字母三个数目。比方,C 代表 1000—1499 年,一本 1472 年出版的书,著者号码是 C472。F 代表 1700—1799,一本 1725 年出版的书,著者号码是 F25。V 代表 1950—1959,1953 年出版的书是 V3。

为了避免全馆图书书码复杂化,我认为除特别作家号码可以采用外,其它仍以采用克特号码为宜。用年代号码代替著者号码固然也有一部分的理由,但年代一经改编缩短后就丧失了它的普遍性,因此,对读者起不了什么作用,反而引起其它困难。比方,同一作家所著同一性质而在不同年代出版的书就不能排在一起,在 1945 年出版的,著者号码是 U5,1953 年出版的是 V3。

参考工作与基本参考书

邓衍林　讲

本书据南京省市图书馆人员进修班 1957 年 5 月讲稿排印

目　　录

第一部分　参考工作概论

第一章　参考工作的意义和任务

1. 参考工作的意义

参考工作是图书馆技术部门中的一个重要环节。图书选购、整理和保管是图书馆建设的物质基础，图书流通和参考工作是发挥图书馆物质基础的使用价值。

读者是参考服务的对象。解答读者的疑难与满足他们的图书需求是参考工作的目的，图书和资料是提供研究的材料；参考书是指为解决疑难和搜集资料而备检查的工具书，使用参考书本身不能说是一种科学，但却是从事学术研究工作的劳动过程中必具的技能训练。

书目参考是依据目录学的范畴和科学原则而进行的书目劳动。

图书馆的参考工作大体地说①解答读者在阅读研究方面所提出的各种要求或咨询问题；②积极地提供或推荐有助于读者研究所必需的参考资料；③为满足广大读者的图书需求并结合图书馆实际情况进行各种推荐性、参考性或有关地方文献的书目索引工作；④更进一步地高度发挥图书资料的潜力及其使用价值,机动地进行各种科学性的书目参考工作,如专目解题、科学文摘,甚至于进行若干资料文献的加工,以贯彻图书馆为劳动群众、为科学研究,为社会主义基本建设而服务的基本任务。

因此,图书馆参考工作是具有发挥图书馆物质基础的潜力及其使用价值对广大读者(包括儿童在内)的直接服务以达成图书馆基本任务的劳动。

总之,参考工作具有下列几方面的意义:

(1)为群众服务的意义;

(2)具有教育读者的意义;通过图书对读者宣传了社会主义建设,宣传马列主义。

(3)具有国家意义:参考工作重要的是配合国家的建设,要与国家今日与明日的建设任务相配合,要为生产斗争和阶级斗争服务,要通过参考工作帮助国家克服社会主义建设及生产落后的矛盾。

2. 参考工作的任务

参考工作的任务随图书馆的基本任务而发展,图书馆的基本任务随社会的发展而发展。

列宁和斯大林教导说:共产主义完全胜利的主要条件之一,是劳动人民的文化水平和政治觉悟的强大的提高。

我国社会主义建设对于全国人民文化生活的发展和

变化:①人民政治觉悟的高涨;②人民文化水平的提高;③科学研究与社会主义经济建设的认识;④巩固世界和平的努力。

（1）人民政治觉悟的高涨对于图书馆的本质引起的变化,认识图书馆不是"超阶级"的产物,而是具有阶级性的政治武器,是社会主义的文化基地;

（2）人民文化水平的提高,促进出版事业的发达,对于图书馆服务的质量需求扩大;

（3）社会主义经济建设和向科学进军对于图书宝藏的科学性运用加强,明确图书馆的方针和任务要为科学研究服务;

（4）扩大国际图书文化交流对于配合世界和平运动的作用性。

全国图书馆工作会议（一九五六年七月五日至十三日）确定图书馆工作的两项基本任务:

①为科学研究服务;

②为普及文化教育工作服务。

全国高等学校图书馆工作会议（一九五六年十一月十四日至二十日）也提出明确规定①辅导教学及②为科学研究服务为全国高等学校图书馆的基本任务。

我国图书馆的基本任务也就是图书馆参考工作任务的指南,其主要任务如下:

（一）为宣传社会主义思想教育的任务——向广大人

民群众广泛流通图书，做好推荐和图书参考工作，使之充分利用以传播马克思列宁主义，进行文化教育工作以提高他们的政治思想，文化水平，科技知识，动员他们的社会主义建设的创造精神和劳动积极性。

（二）为科学研究服务的任务——提供科学研究工作者和国家机关能够得到极丰富的图书资料和科学情报，做好科学性的专门书目参考工作，为科学进军创造有利的条件，及结合国际主义和爱国主义，扩大国际图书文化交流的工作，加强图书资料基础赶上世界先进水平。

苏联图书馆学家捷尼西叶夫在他的"苏联大众图书馆工作"中把苏联一般公共图书馆的参考工作任务总结为下列三项：

（一）向读者们解释党和政府的决议，目前政府形势和国际形势问题；

（二）帮助读者们获得有关科学和技术部门，有关农业、文学和艺术的必要知识；

（三）提供当地各种企业、机关和团体工作上所需要的参考资料，特别是在熟悉新的生产工作和利用地方资源方面。

苏联的图书馆参考工作就是围绕着这三项任务而进行。

兹列举苏联省（边区、自治共和国）图书馆条例中（见苏联图书馆条例）所规定的参考书目部的职务如下，以便了解苏联省图书馆参考书目部门工作的范围。

编制以当时中心问题为主题的图书推荐目录，供给省（边区、自治共和国）的大众图书馆参考，有计划地进行参考书目工作，提供图书评价和参考书目。利用报刊、无线电、电话、书面通知等方式向省（边区、自治共和国）领导机关、科学研究机关和居民报导好书的出版消息。

"协助大众图书馆进行参考书目录的编制工作。"

"利用省（边区、自治共和国）图书馆和博物馆的图书，编制地方图书目录、地方文献评介和图书索引，完成科学机关、党、苏维埃与经济组织所需要的地方图书馆目录的特殊任务。参加地方文献的补充工作。会同图书补充部研究省（边区、自治共和国）图书馆的藏书，采取措施使省内居民都能利用所藏图书。"

"配合图书馆的大型展览会，做好图书参考书目录工作"。

附注：（1）关于苏联大型图书馆即国立列宁图书馆、国立谢德林公共图书馆，苏联科学院图书馆及国立外文图书馆等对参考目录工作的巨大成就及领导作用，请参阅苏联专家雷达娅：苏联图书馆如何为科学服务——在全国图书馆工作会议上的报告（见"图书馆工作"，一九五六年，第四期，第 17－28 页）。

（2）关于我国各大图书馆的参考部工作情形，请参阅下列三篇论文：

中国科学院图书馆：中国科学院图书馆五年来怎样配合科学研究工作。

北京图书馆参考研究组：北京图书馆的参考工作如何为科学研究服务。

中国人民大学图书馆：在配合教学与科学研究中我们的参考工作。（均见"图书馆工作"，一九五六年，第二期，第8－16页）。

本章参考书

1. 苏联大众图书馆工作（苏联）捷尼西叶夫著　舒翼鞏译　1952，中华。第八章：图书馆的书目参考工作。

2. 图书馆参考论　李锺履编译　民21，中华图书馆协会出版，106页（又载在图书馆学季刊，第5卷2期又6卷3－4期，民20年1月，民21年3－4月）

3. 图书馆利用法　吕绍虞译　民24，181页，商务。

第二章　参考工作的内容与方法

1. 参考工作的内容

根据以上所讨论的参考工作的意义和任务,来研究参考工作的内容或范围,大体上分为三个方面:①直接向读者的服务;②为科学研究服务的书目参考工作;③参考部本身的业务。

(1)直接向读者的服务——亦即如何满足广大读者的各种多样的图书需求,给予读者以直接的亲切的帮助,答复他们的疑难咨询问题,指导使用图书馆目录卡片和参考书,供应或推荐他们必需的研究资料。

利用各种设备有系统地向读者报导到馆的好书和出版消息(如利用报刊、广播、电视、新书通报、推荐书目、新书评介等等的报导设备或措施)。

协助阅览部门举办阅读辅导工作或举办各种宣传图书的群众性措施:书报展览、朗诵会、学术演讲、时事座谈会,文艺晚会和读者会议等。

(2)科学性的书目参考服务——亦即如何掌握成千

累万的科学技术资料,提供科学研究者或政府机关所需求的书目参考资料,编制适合当时中心问题的推荐性书目,有计划地进行各种专门或专藏的参考书目索引及解题。编辑地方文献参考资料,以及编制各类型的联合目录。说公共图书馆仅为居民服务,而不为科学研究服务是不正确的。

利用馆外资料与馆际合作,按馆际互借方式设法从其他图书馆借取读者所需求的图书资料,利用近代科学技术设备如显微影照等方法以流传各馆所需要的希贵材料。

(3)参考部本身业务:参考阅览室的规划,参考书的选择,业务行政与计划,研究读者的工作,和馆内各部门的联系,和馆外有关研究机关,学术团体及出版社的联络工作。

2. 参考问题的内容和分析

甲、参考问题的来源:
(1)口头咨询
(2)书面咨询
(3)自定计划

读者提出咨询问题的目的,约分:学生作业或论文,教师准备教学任务,准备演讲、准备报告、准备旅行或调查、执行生产任务、草拟计划、进行研究工作、进行调查统

10

计工作、进行自学、日常生活常识、业余兴趣或偶然兴趣、娱乐兴趣、某团体、机关、学校情况。

乙、参考问题的类型大约分为两类：

（1）事物参考

（2）书目参考

（一）事物参考的分析约分：

1．关于日常生活和工作中所遇到的问题，如农业生产合作社的入社规则；避孕的方法；婚姻法的条文；大学招考章程等。

2．关于目前国内或国际政治形势和问题，如党和政府的决议和文件，关于第二个五年计划大纲的文献，毛主席在最高国务会议上的讲话："正确处理人民内部矛盾的问题"的全文。什么是沙文主义，"再论无产阶级专政的历史经验"的学习参考资料，周总理关于访问亚洲及欧洲十一国的报告。

3．关于历史事实或人物传记的考查。如有关鸦片战争的历史资料，太平天国金田起义的日期。太平天国的土地制度有什么材料可参考，关于列宁生平事业应读些什么？

4．关于地理、风土、产物的记载或统计，海南岛在什么地方？《西藏游记》哪一本最好？近五十年的丝和茶的生产统计和出口统计，1956 年的中学生统计。

5．关于文学、诗歌和艺术的知识和选注。如鲁迅诗：

俯首甘为"孺子牛",孺子牛出自何典?"菩萨蛮"是什么意思?何谓"十五贯"?汉代石刻敦煌壁书,明代版书有何参考文献?研究天津泥人张的泥人有什么材料?梅兰芳《宇宙锋》的剧本哪儿可以找着?唐代足球式样和踢足球的规则。

6. 关于科学和技术部门的名词解释或专门知识。如何谓半导体?何谓宇称守恒定律?古代造纸技术?浑天仪的图片。

(二)书目参考:

1. 为了研究某一专门问题而推荐的阅读书目或论文索引;或有关某一科学类目的专门参考书目及文摘等。

2. 什么叫目录,什么叫书目的问题。

目录(Catalogue)是具有时间和空间限制的,必须在特定的时间和地点可以找到某本书的目录;书目(Bibliography)是没有时间与空间的限制的,如中国医学书目它包括古今中外的有关中国医学书籍或论文,没有时间上的限制,也不限于南京图书馆的一馆所藏医书。所以专门记载某一图书馆的藏书,叫馆藏目录,而不叫馆藏书目。(这是我个人对于划分"目录""书目"两个名词涵义的意见)

(关于编制专题目录索引问题,已在目录学通论课程中讲授)

丙、参考问题分析对于参考工作方法的关系:

12

问题类别	内容摘要	可资检寻的参考书
1.文字语词	字音、字义、名词、典故。	字典、辞典。
2.事物解释	历史事实,学科解释,普通常识。各项事业发展近况、年鉴、报刊大事记。	百科全书、类事专门辞典。
3.时事	国内外政治形势。	
4.人物	名人、专家、劳动英雄生活传记年表。	传记、年谱、姓名录。
5.地理	地名、地志、游记。	地图、地理志、方志。
6.统计调查	调查、报告、统计。	统计报告,年鉴,专门报告。
7.技术规格	技术设计,化学公式,技术方法,农产方法。	专门手册和规格汇编。
8.书目	专门书目,书评,知见书目,推荐书目。	国家书目,出版总目,图书评介。专门书目,联合书目。
9.机关团体	机关团体组织,工作情况地址和人名	名称指南,年鉴手册。电话簿
10.图　片	图片,照像,幻灯,影片唱片,录音。	直觉参考材料

丁、参考工作的技术和方法:

(一)参考谈话

(1)充分了解"人与事物"的要素,即"读者""馆员""问题"和"资料"四个要素的相互关系;

(2)审察读者的具体情况;

(3)明确问题的本质和了解读者的确切需要;

(4)衡量工作的方法,指导读者使用目录卡片或推荐适合读者的资料以满足其要求;

(5)注意工作态度,环境情况和读者心理;

(6)答复电话咨询所应注意的要点。

(二)答复问题的技术和方法

答复问题的基本条件和技巧,(1)利用丰富的图书知识,文化修养,良好的记忆力等条件,首先(2)审察具体情况,明确问题本质和读者需求,实事求是(3)把问题作一番敏锐而精细的体察和想象,再行(4)假定工作的可能方向,思考解决的门径,于是(5)选择最有利的工具书,细心检查,并且(6)发挥有条不紊,坚忍贯彻的劳动特质,然后(7)用谨慎鉴别能力,推荐最适合的参考资料,以解决读者的疑难或满足其研究的需求。

关于工作效率问题,应在工作实践中,不断的学习,不断的锻炼,以求娴熟,避免欲速则不达的焦躁肤浅的官僚习气,或瞎摸的浪费现象。参考工作馆员要养成勤于劳动,功成不居,累积而专,锻炼成家的作风。

关于答复问题的基本限度(1)不越俎代庖,(2)不鼓励懒汉,(3)注意保密。

关于掌握工作情况的问题,亦即掌握工作时间与物质情况的限度问题。

(一)关于时间的利用问题,需视问题性质与客观环境而定;

(二)关于指导读者利用目录或参考书的问题,需视物质设备和资料性质,和读者本身情况与需要而行;

(三)关于专门性问题和特殊资料,应依赖馆外专家,及馆际互借措施以求解决。

戊、编制参考书目及资料的原则和格式

〔关于如何编制书目参考问题,已另在目录学课程中讲授。故本课程仅就(1)"书目参考编制原则大意"(2)"书目参考著录举例"略为介绍,以便利本课程作业之用。〕

(1)编制书目参考的基本原则

1.书目参考的思想性原则

选材应适合思想性及科学价值,选题依据党和政府的政策有精确计划性结合国家建设方针。并且适合群众的需要,具有推荐性,挥发利用图书为宣传马列主义的有力武器。

2.书目参考的科学性原则

体例应兼顾科学系统和书籍形式,著录要准确统一而严密。

3.书目参考的经济化原则

编制经济而明晰,检查便利而适用。

4.书目参考的劳动精神

书目参考是:一种生产性的劳动

积流成渠的劳动(由散漫到集中)

细水长流的劳动(由片断到积累)

科学工作的劳动(由广泛到专精)

5.现代科学方法及技术在目录学上的应用。

(2)书目参考著录举例

1.书目编排方法的类型:

字顺目录——依著者或书名字顺排列。

分类目录——分类目录,严格的依照某种分类法的号码次序排列;类别目录,依照某一专科的科学系统自定类目排列。

标题目录——依标题字顺排列。

字典式目录——即著者、书名和标题的混合字顺目录。

其他方式——如依版刻年代排列,或依出版社排列等。

2. 著录格式

编制书目的原始材料,当然是利用卡片,首将每一条款分录一卡,终结汇集所用卡片依照所定体例排列,抄印。

每一条款(entry)著录事项依照编目规则著录(1)著者(2)书名(及副书名)(3)出版事项(4)稽核事项(5)附注。

关于以"书名款目"为主抑以"著者款目"为主的问题。我个人以为把著者款目写在第一行有它的便利:(1)尊重著者。习惯上多数以著者为主,如马克思的著作,列宁的著作,易经(无著者的书名以书名为著者,其著录通例)、墨子、韩非子、李白的诗、杜甫诗集。一部分史书有人记书名比较习惯,如史记、汉书,但实际上学者著述引用古人著述的时候,仍称"司马迁史记第某卷云……"而

16

没有写成"史记司马迁云云"的格式。又如中国科学院各学报刊载的论文,其中引用资料或附注一律均采用以"著者"为主的格式。(2)格式显明,著者写在卡片第一行,在格式方面既显明又经济,如果我们采取详明著录的格式,著者姓名之外,还有生卒年或著者的时代,为了便于编制地方文献,著者的籍贯也有著录的必要。如果把著者款目夹在书名款目与出版事项之间,显得混乱而且不经济。(3)国际目录著录的标准形式,都是以著者款目为主的,如苏联和欧美各国的目录或书目编制都是如此,毫无例外,以"著者款目"为主是符合国际标准性的。在此提供一些参考的意见。

编制书目一般著录格式[①]如下。

专书著录:

天工开物　三卷　宋应星(明)著

　　民国十六年(1927),武进陶氏涉园石印本,三册有图。

元白诗笺证稿　陈寅恪　1955。

　　北京文学古籍刊行社　329页。

马克思、恩格斯、列宁、斯大林思想方法论

　　解放社编　1953　北京人民出版社　第五版380页。

---

　　①　在正式的或标准的中文编目条例没有公认或公布以前,所举的格式仍暂从目前图书馆界一般的习惯,以书名为主。

苏联大众图书馆工作　　捷尼西叶夫（苏联）著

　　舒翼翚　译　1953　上海　中华书局　366 页

　　Дениъсев, Б. Н: Бабота Массовой Библиотеки

诗经　四部丛刊本　4 册　1922

　　上海　商务印书馆编　影印本

篇名著录：

改造我们的学习　毛泽东著

　　（见毛泽东选集　毛泽东著　第三卷　1953

815－823 页。）

　　宇宙锋（京剧）

　　（见京剧丛刊　中国剧曲研究院编　上海新文
艺出版社 1955.279－285 页。）

　　西轩记　柳宗元（唐）著

　　（见古今图书集成　经济汇编考工典车部艺文
第 788 册，6 页）

　　期刊论文：

清代广东洋行制度的起源　彭泽益著

　　（见历史研究　1957，第一期，1－24 页）

变叙的项的共同分布的极限　王寿仁著

　　（见数学字报，6 卷 3 期，1956.389－404 页）

百年书店——翰文斋　夏纬明著

　　（见光明日报　57.3.27　3 版）

　　己、参考记录登记　通告和统计

18

（一）读者咨询登记片

北京图书馆读者咨询卡片		
编号	195　　年　　月　　日	
姓名	年龄	职业
住址		电话
问题		

注意:1.问题如有出处,务请注明。2.字迹请勿潦草。

北京图书馆参考研究组制

读者咨询问题登记片
编号　　　　　　　　　195　　年　　月　　日
姓名:　　　性别　　年龄　　职业
住址:　　　　　　　　电话
教育程度:　　初等　　中等　　高等　　（划出有关一项）
咨询目的:　　执行教学或论文　准备报告　进行自学　统计调查　执行生产任务　研究计划　其他（划出有关一项）
问题:　　（问题如有出处,务请注明）（字迹请勿潦草）
约定谈话日期　　时间　　〇

正面　　　10×15公分

标题:
答案或参考资料:
答复日期　　　　　〇　　　　　经办人

反面

姓名	职业	文化程度	通讯地址

编号 _____ 195 　年　　月　　日

附注:一、所提的问题和字迹须确切清楚,否则不予答复。

　　　二、答复日期根据问题性质由一周至两周,一般答案均于馆内咨询板
　　　　　上揭示。

　　　三、所提的问题须填写者用纸两份。

在苏联的一般公共图书馆里,是用一种登记读者咨询的纸单。捷尼西叶夫:苏联大众图书馆工作(第258-9页)曾介绍其格式如下,可资参考:

询　问　单

1. 姓氏: 名字　父名 ……………………………………………

2. 教育程度:初等的、七年制的、中等的、高等的(划出有关一项)

3. 问题: ……………………………………………………………

4. 咨询目的:准备谈话准备报告,执行教学任务进行自学,执行生产任务(划出有关一项)

5. 询问日期: …………………………………………………………

村立图书馆和流动图书馆适用的如下:

第号	咨询日期 月 日	读者姓氏:名字、父名	问题	答案	答复日期

（二）通告办法

1.选择有大众教育性的答案,定期在咨询板上揭示,以便多数读者选抄。

2.用书面通知或电话通知原请求读者。

3.选择较有永久性或值得广为宣传的答复,作为推荐性书目印发各有关图书馆和机关资料室参考。

4.苏联公共图书馆经常将收到新书通报邮寄各基本读者,合作社和机关,这点我们值得介绍推行。

（三）统计

统计工作有助于:(1)便利统计和报告之用;(2)分析读者阅读情况;(3)弥补藏书缺点;(4)改进参考工作方法;(5)备资日后参考资料;(6)训练新进干部。

统计表格

类别	参考问题统计									年		月
	马列主义著作研究经典	社会政治问题	历史	地理	自然科学	农业	应用技术	文学艺术	传记	教育与自学问题	其他	总计
认询解答												
书目参考												

第三章　参考工作组织和计划

1. 参考业务部门的设置。

　　（名称和组织编制问题）

2. 参考阅览室和专门阅览室。

3. 参考部门与其他业务部门的联系。

　　（与采购编目、阅览与方法研究部的联系）

4. 图书馆参考工作与机关学校的资料工作。

5. 参考工作的计划与展望。

6. 参考工作干部的训练与修养。

7. 目录事业国家化问题。

8. 建立图书参考中心的领导与组织问题。

9. 加强中文基本参考书编印问题。

第二部分　基本参考书

第四章　参考书的特征和功用

书籍是知识的源泉，"社会主义文化的最主要和强大的工具"（高尔基语）。

毛主席在"整顿党的作风"中指示说："甚么是知识，自从有阶级的社会存在以来，世界上的知识只有两门，一门叫做生产斗争知识，一门叫做阶级斗争知识。自然科学、社会科学，就是这两门知识的结晶，哲学则是关于自然知识和社会知识的概括和总结。此外，还有什么别的知识呢？没有了。"（《毛泽东选集》818 面）

书籍分为两类：一类是普通书或阅读书，另一类是参考书或工具书。

从广义上说两者都是取得知识的阅读或参考工具，狭义上说，两者之间是有所不同的，阅读书以学习生产斗争和阶级斗争的理论和技术为主；参考书是指为解决疑难和搜集资料而备检查参考为主。

参考书的本质，一方面如一般生产工具一样，是为资产阶级服务，也可以为无产阶级服务；另一方面，它到底是"书"，是社会意识形态的体现物，也必不可免的或多或少带有统治阶级思想的烙印，从体制上看，大体说：一类是纯技术性的如年表，索引，纪录性的书目，比较上没有什么政治思想性的，如"中西回史日历"，"史姓韵编"，"二十五史人名索引"，"八十九种明代传记综合引得"，"丛书子目索引"，"清代文集篇目分类索引"，"江苏省立国学图书馆图书总目"等。一类是带有记述性或解释性的，就反映了一定的阶级性，如辞典，类书或百科全书，年鉴，书目解题等如：

一、辞典　辞源——黄巾　东汉之乱党、……"李自成，明末流贼……"

二、类书　其摭采即由编纂者的阶级观点决定，其目的也是为少数统治阶级或士大夫而服务的，如中国最古的一部类书。便以"皇览"为题。

即编制分类亦保存封建的伦理体系，如《北堂书钞》、《太平御览》，开始不以"天文""乾象"，便是"帝王""君道"为首类。《古今图书集成》是一部最大的类书，也就是中国封建期的大百科全书，里面收集的材料也不少，可是妄自窜改的地方也多，特别是有关少数民族的地区边疆史料，窜改的更多。

三、年鉴 年鉴所收集的统计,时事资料的采录与说明,亦具有阶级立场。

四、书目解题 推荐性的书目,即代表开列书目的人的思想和意图的表现,如张之洞的书目答问,鲁迅即批评过那些开"青年必读书"的妄人。"四库全书总目提要"对凡属有反抗性的"异端"的书无不痛伐,或打入存目。

技术性的参考书固然有用,旧时代具有封建性落后思想参考书,对于保存古代文化资料和丰富的科技经验也具有其一定的价值,所以我们使用的时候,既不可以"全盘照抄",也不要全部否定,在没有新的替代品以前为了工作的需要也暂时无法不用,但必须提高思想上的警惕性,和科学上的批判性。

参考书的特征

(一)内容广泛

阅读书的内容多是就其某一个主题的范围,作有系统的叙述,使读者对于某一个问题在理论上或实际方面得到一个系统的概念,如马克思的资本论等;参考书则对于一般或某一学科的知识作广泛的概括的叙述,如百科全书,或苏联机器制造业百科全书等。

(二)解答疑难

参考书不必精研细读,或从头读到尾,只是在研究工作中发生什么疑难或需用什么参考资料,就去寻检某一类参考书以求解答,如字典,辞典或书目索引等。

（三）编制特殊

参考书主要的功用,为便利检查,所以在编制体例上多与普通阅读书有别,有依字顺排列的,有依时序列,或依地区分,或依类目分等。如字典辞典,年表,年鉴,地图书目,索引等。

总之一般参考书的特征,内容虽广泛,形式有特殊,但从其功用来说,对于读者解决阅读上的困难或研究上的问题,是起着指导作用的,所以一部好的参考书,从整部的参考书内容来看,应该具有高度的思想性和完整的科学系统性,参考书的特征决不是一部零碎而片断的集合体。

参考书的功用

一、了解字音,字义,字形——读书总不免遇见不会读音,不懂涵义的生字,例如鲁迅写的"人生识字糊涂始"一文中,便有"嗄嗄"两字,怎样读? 什么意思? 遇见这一类疑难的时候,就非借助字辞典或说文等工具书来解决。

二、事物解释,即解释专门名词——自然科学上或社会科学上的许多专门名词,文物制度的名词,往往不懂,如什么是半导体,原子核,电子,青苗法,一条鞭;历史上的人名,谥号,别名,纪年,也难尽记;他如文学中的典故,如鲁迅诗:"俯首甘为孺子牛","孺子牛"出自何典? 所有这些,常赖各种辞典和百科全书等参考书来解决。

三、校核历史年历及史实——中国历史上的纪年法是极其复杂的,它的意义和方式也和欧洲古老封建国家一样,如古罗马记年就是常因皇帝的更改而改换计算和记载的方法,在中国每一个新皇帝登位,不但纪年重新开始,有的还不止一次的更改年号,每个年号都要重新开始计年,如金田起义为清道光三十年十二月初十日应为公元哪年哪月哪日? 又如哪一年哪一月发生了什么国内大事或国际大事? 这些查对历史年历和史实的时间,就要靠日历年表系统的参考书了。

四、检查技术规格——如生产部门的技术设计和公式,技术方法和操作等方面的记载,必须依靠专门手册。

五、调查各种生产统计与社会统计等方面的资料,就非借重年鉴或统计汇编等参考书不可。

六、搜集科学研究资料——研究中国黄河水利有哪些书? 研究"北京猿人"有些什么文献? 研究鸦片战争有哪些重要资料? 韩彦直的"橘录"有"说郛"本和"百川学海"本,哪个本子最全? 某一本书内容如何或评论如何? 解决这一类的问题当然要查考许多书目或目录学有关的记述。

参考书的类别

基本参考书大约可分为下列数类:

(一)字典——检查文字。

（二）辞典，类书和百科全书——解释事物或专门名词的意义。

（三）年表与年鉴——查中西纪年或历年大事。

（四）手册——提供基本知识或技术材料的便览。

（五）人物志——查考今古名人的生活和传记资料。

（六）地方志——查考各地文物风俗及物产的记载与舆图。

（七）书目——揭露书刊内容和各馆图书收藏的著录。

（八）索引——检查期刊报纸和各种专门资料的索引。

（九）其他资料——有关历史文献档案及直觉资料目录等。

参考书的审查标准

（一）选择参考书的工具书目

    1. 邓衍林编　中文参考书举要　一九三六年六月国立北平图书馆出版，一四三页。

    2. 何多源编　中文参考书指南　一九三六年九月广州岭南大学图书馆初版，增订本于一九三九年四月改由上海商务印书馆出版，九六一页，此书选录普通及专科参考书二千余种，其范围以字典，辞典，百科全书，类书，书目，年鉴，年表，索引，舆图，指南，总集史料为限，至普通书籍如内容精审而附有丰富的考证书或传记的,也在收录之例。各书除载其书名,作者,发行所,出版年月,页数,册数,版式,定价等项外,并将其内容提要,间有举例以示其用法,并加评语。

3. 武汉大学图书馆学专修科一九五五年届编
中文参考书简目,一九五五年一月武汉大学图书馆学专修科油印本,三六页。此目收录一九四九年至一九五四年底出版的中文参考书,指导性和文件性的材料以及一部分总结性的著作约一千种。除书目,字典,辞典,百科全书,年鉴,手册,期刊各别为一类外,其余大体上按照中国人民大学图书馆分类法分类编列,每书著录其书名,编著者,出版年,出版地,出版者, 页数或册数,书价等项,并著录有关评介资料条目附列于各该参考书书目之后,可为了解被评价各书内容时的参考之用。

(二)参考书的审查标准

审查参考书的主要标准:①内容的高度思想性;②材料的正确性;③编辑体裁是否谨严;④排检方法的明晰方便;⑤排印是否精良;⑥本书的特点何在(与其同类似之参考书比较)。

(1)内容的高度思想性

1. 立论观点是否合乎马列主义的科学立场。

2. 撰稿人的经历和声望,是否为专家?

3. 出版者或学术团体的历史与经验。

（2）材料范围

4. 编辑目的,所选稿件是否符合其内容,学术性或通俗性。

5. 材料范围、所选类目的范围及其限度,叙述内容是否合乎科学体系及水平。

6. 所选材料,是否为最新的资料,是否新版,有无增订?

7. 每篇所附参考资料或书目是否合乎推荐性或指导性。

8. 有无插图,是否精良。

（3）编辑体裁

9. 编辑取材之正确性与可靠度。

10. 编辑体裁的一致性和平衡性。

11. 文体是否合乎读者的要求,学术性、通俗性或合乎儿童阅读,文字的简练与通顺。

（4）排列

12. 排列方法——依类,依时,依地,表列,或依字顺排列。

13. 有无索引和附录。

（5）排印

14. 排印格式是否经济而美观。

15. 纸质字体印刷技术如何。

16. 装订是否坚固。

17. 定价是否公道。

（6）特点

18. 有何特点,其特点与其他同类似性质之参考书作比较。

19. 出版的计划如何? 继续刊行及再版或增订的可能性(即出版社或负责编行之学术团体对于本参考书今后之计划如何? 一次编行抑或继续编行?)。

第五章　字典、辞典和百科全书

字典和辞典

1. 字典和辞典的意义

文字是代表语言和记录语言的工具，"依类象形谓之文，形声相益谓之字"（说文序）。编辑字典要依据语言文字学的科学规律而进行。

字典是查考和解释文字的形象，声音，意义和用法的参考书。

辞典是检查复合词的意义的字典，而兼具有小形百科全书的性质。

古代没有字典的名称，字典名称始于"康熙字典"，我国古代的字典叫"字书"，最早的字书为（汉）许慎的《说文解字》，是中国最早的具有科学系统中文字典。

字典和辞典在外文统称字典，如英文的 dictionary，俄文的 словарь。

2. 字典的组织形式和内容

（甲）旧字典排列形式的主要系统

（1）部首排列——是按形分为若干部首,字典排列方法的一大发明。

　　许慎（汉）:说文解字十五篇　　540 部　　收字　9353

　　顾野王（梁）:玉篇三十卷　　　542 部　　　　22,726

　　司马光（宋）:类篇四十五卷　544 部　　　　31,319

部首之下的字,再按着名词、形容词、动词的词性分组排列,进一步的和文法规律相结合。

　　韩孝彦（金）等:篇海　　　　　444 部

部首减少了一百个。在同部首的字也不再依说文的形似排列,而创以笔划多少为序。在排列方法上来说是推进了一步。

　　梅膺祚（明）:字汇十四卷　　　214 部　　33,179 字

改革首部的烦琐,并进一步把部首归为十二集,所有的部首的次序也依笔划排列,确定了部首排列方法的最后形式,康熙字典即袭用此法。

　　张玉书（清）等:康熙字典十二集三十六卷　　214 部　49,300 字

　　〔清王引之著字典考证修订了 3588 条〕

　　欧阳溥存等:中华大字典　　民 21　　上海　　中华
二册

（2）音韵排列

　　陆法言（隋）:切韵五卷　　韵目206　收字　12,158

　　孙愐（唐）:唐韵五卷　　　　206　　　　42,383

陈彭年(宋)等:广韵五卷　　206　　　26,194

丁度(宋)等:集韵十卷　　206　　　53,525

韩孝彦(金):五音集韵十五卷160

刘　渊(宋):礼部韵略　　107

　　　　元代韵会把上声迴拯

　　　　等并为一韵,成为106韵。106

　　　　以后明武洪正韵和清

　　　　佩文韵府等均用　　106

　　　　韵目排列,相沿未改。

〔古代字典排列形式发展规律:由复杂到简化。部首540→214部,韵目206→106目〕

(3)拼音排列

清末维新运动劳乃宣等和民国初年五四新文化运动,发出了改革文字的呼声,倡注音字母。于是产生了许多国音字典。

毛主席早在1940新民主主义论指示我们:"文字必须在一定条件下加以改革,语言必须接近民众,须知民众就是革命文化的无限丰富的源泉。"(见"毛泽东选集"第2卷第680页)。根据毛主席的指示,1955年一月中国文字改革委员会拟出了"汉字简化方案草案",汉字简化是汉字改革第一步,还要对汉语(包括:语音、词汇、语文)的规范化进一步走向拼音文字,这是我们文字改革的新方向。

（4）形位排列法

有按汉字的四角笔形分为十种各以号码代之,如用四角号码排列的字典和辞典。

也有按照汉字起笔笔划归纳为七笔法来排列的字典。如（1）学文化字典（北京师范大学中国大辞典编纂处编。1952）（2）新华字典（新华辞书社编。1954。部首排列本）

（乙）注音

1. 切音法:或称反切,以上下二字（上一字为母音,下一字为子音）的音相切而成一音。如"德翁"相切为"东"的音。

2. 直音法:即对音法。如"杻"音"钮";"弓"音"宫"。

3. 拼音法:(1)注音符号(2)罗马拼音(3)拉丁化拼音和解放以后的(4)汉语拼音（Pinyin）的草案。

（丙）注释

（1）字源、字形语音的发展；

（2）字义解释正确与简明化；

（3）一字数义的注释；

（4）文法的分析与用法；

（5）例证分析和出处；

（6）歧字分辨和俗语与成语的记载（也有专门解释这一类的字典。如杨树达的词诠和裴学海的古书

虚字集释和朱起凤的字类辨正等）

（丁）图表

如动植物和重要科学的发明与仪器图；名人照片和地图表格等。

（戊）附录

1. 如大事年表。

2. 度量衡表和化学因素表等。

3. 少数民族语文字典。

4. 外国语文字典。

5. 辞典的类型。

（1）综合性的，如辞源（商务）、辞海（中华）、辞通（开明）和综合新辞典（人民）。

（2）专科性的辞典，如简明哲学辞典、中国人名大辞典、中国地名大辞典、植物大辞典等。

6. 各科学术名词。

中国科学院对于编审科学名词的工作。

百科全书和类书

1. 百科全书的意义

百科全书是搜集人类所有各种知识，按照一定顺序排列，以便检查之用。百科全书内每一条款的内容与范围应依照学科的系统或各条事物的历史发展作有系统的叙述，其内容不但比辞典要详细，还要有系统。百科全书的组织形式虽然是分条序列,但就编辑的整体而言,应就世界知识的全部,要有总的体系,换句话说,百科全书是将人类知识的体系打散分条作有系统的介绍,不是知识的大杂拌。

我国目前尚缺乏高度学术性和科学化的大百科全书。苏联大百科全书第二版,1949,是一部代表高度国际学术水平的巨著,苏联部长会议对于"苏联大百科全书"第二版的任务规定如下:"苏联大百科全书第二版应当是社会、自然科学、技术、军事知识底有系统的全书……应当详尽无遗地显示社会主义文化比资本主义世界文化的优越,应当以马克思列宁主义的理论为基础,对科学技术各部门中的现代资产阶级反动思想给予党性的批判。"

百科全书有综合性的如上述苏联大百科全书;有专科性的如"苏联机器制造业百科全书"十五卷,北京机械工业出版社已译印出版。书分十三章,这是一部完整地有系统的介绍社会主义企业的组织与经济和技术的集体创作巨制。

2. 类书的性质与功用

凡采辑群书,以类相从,而便于检查资料的书,叫"类书"。四库全书提要类书类叙中说:"类事之书,兼收四部,而非经非史,非子非集,四部之内,无类可归。"中国旧的类书是具有百科全书性质,内容广泛。但排列的形式多采分类排列。其功用如下:

（1）检查事物掌故事实之用。如太平御览,古今图书集成等。

（2）检查事物起源之用。如清陈元龙所编的格致镜源一卷。四库提要云:"每物必朔其本始,其采撷极博,而编次具有条理,首尾串贯……"

（3）检查文章词藻之用。如(清)张英等编:渊鉴类函四百五十卷。全书共分四十五部,每一部先记释名、总类、沿革或缘起,次记典故及对偶,再次为摘句,末附诗文,详注出处。此书可供词章与考据家参考之用。

（4）可资辑佚之用。如古农书(汉)氾胜之所著"氾胜之书"即从太平御览辑佚而来。(清)徐松从明代永乐大典中辑出"宋会要"一书。久已亡佚的"新五代史"也由永乐大典本而保存。他如"水经注","玉函山房辑佚书"数十种多由类书中辑出。

总的方面说,旧的类书为半封建时代的遗留物,一部分资料有很浓厚的封建色彩,如帝王世系和少数民族地区资料等,引用的时候要用科学性的批评态度;另一方面类书也保留了很多的有经济价值和文化价值的民族遗产和资料;引用类书资料的时候,最好复按原书原文,以求互证,免负辗转禆贩,炫耀渊博之讥。

类书的分类相当繁杂也少有精细而完备的索引。如古今图书集成全书一万卷,分为六汇编,三十二典,共6109部。表面上分类都很复杂,但是一般类书的分类,不

外"天""地""人""事物"四组。兹附抄"太平御览"和"古今图书集成"简目表如下,借见分类的一般情形:

附:太平御览总目

（一）天部 1 卷——15 卷叙日月星辰,风雨霜雪等。

（二）时序部 16——35 叙五行四时,春夏秋冬等。

（三）地部 36——75 叙山川湖泽,岛屿沟渠等。

（四）皇王部 76——116 叙三皇五帝,三代,秦汉魏晋北朝隋唐等帝王。

（五）偏霸部 117——134 叙蜀汉,东吴,五胡十六国,南朝等帝王。

（六）皇亲部 134——154 叙皇王部偏霸部中诸帝王亲属关系之后妃,夫人,太子,公主等。

（七）州郡部 155——172 叙京都,各州郡县邑乡党等。

（八）居处部 173——197 叙宫室殿堂楼台亭阁等。

（九）封建部 198——202 叙公,侯,伯,子,男,封建制度及同姓异姓外戚等之封建。

（十）职官部 203——269 叙三师三公司徒司空等官职。

（十一）兵部 270——359 叙将帅,兵法,攻具,兵器等。

（十二）人事部 360——500 叙人体,言行,四维,五伦等。

（十三）逸民部 501——510 叙隐逸山林，逃避世尘之徒。

（十四）宗亲部 511——521 叙父母子女，兄弟姊妹等。

（十五）礼义部 522——562 叙三礼五祭，婚嫁丧事等。

（十六）乐部 563——584 叙雅歌，律吕，歌舞，乐器等。

（十七）文部 585——606 叙诗词歌赋等文体，笔墨纸砚等文具。

（十八）学部 607——619 叙五经，教学，图书，校雠等。

（十九）治道部 620——634 叙君臣，贡赋，荐举，赏赐等。

（二十）刑法部 635——652 叙律令，囚狱，五刑，赦免等。

（二一）释部 653——658 叙佛僧，象经，戒律，禅寺等。

（二二）道部 659——679 叙真人，仙人，养生，炼丹等。

（二三）仪式部 680——683 叙旐旗旛旐，玺绶印章等。

（二四）服章部 684——698 叙衣冠履舄，环珮裙带等。

竹等。

（五一）果部 964——975 叙桃梅李杏，龙眼荔枝等。

（五二）菜部 976—— 980 叙葱姜韭蒜，瓜茄芹蕨等。

（五三）香部 981——983 叙郁金旃檀，安息沉香等。

（五四）药部 984——993 叙龙骨虎掌，石胆木香等。

（五五）百卉部 994——1000 叙蔷薇芙蕖，茉莒萑苇等。

附：古今图书集成总目（摘要）

历象汇编四典：（1）乾象典：纪天地，阴阳五行，日月，星辰，及风，云，雨，雪，电，等，旁及火与烟。（2）岁功典：纪季节，月令，寒暑，干支，晨昏，昼夜等。（3）历法典：纪历法，仪象，漏刻，兼及测量，算法，数目等。（4）庶征典：纪变异灾荒，梦，谣，谶等。

方舆汇编四典：（1）坤舆典：纪土，泥，石，沙，汞，矾，黄灰，水冰，泉，井，以及历代舆图，分画，建都，留都，关隘，市肆，陵寝，冢墓等。（2）职方典：分纪清代各省府地理。（3）山川典：纪名山大川。（4）边裔典：纪外国。

明伦汇编八典：（1）皇极典：纪帝王之事。（2）宫闱典：纪太上皇，后妃，宫女，乳保，东宫，皇子，皇孙，公主，驸马，外戚，宦寺等。（3）官常典：纪百官之事。（4）家范典：纪家庭间事，并及宗属，戚属，奴婢等。（5）交谊典：纪师友，乡里，以及社交，世态等。（6）氏族典：分纪名姓氏，按韵编次。（7）人事典：纪身体，年龄，名号，命运，感应等。(8)闺媛典:纪妇女之事。

博物汇编四典:(1)艺术典:纪农,医,卜,星相,术数,以及尽弈,商贾,佣工,优伶,娼妓之类。(2)神异典:纪鬼,神,释,道等。(3)禽虫典:分纪各动物。(4)草木典:分纪各植物。

理学汇编四典:(1)经籍典:纪河图,洛书,十三经,国语,国策,列代史,通鉴,史学,地志,及诸子,集部类书,什著等。大抵偏重于经史。(2)学行典:纪人品,学问,名贤,列传,及游侠,勇力等。(3)文学典:纪文学,纪文学总论,名家列传,及各体文,与诗,赋,词,曲等。(4)字学典:纪音义,字体,法帖,书家,声韵,方言,以及笔,墨,纸,砚等。

经济汇编八典:(1)选举典:纪学校,教化,及取士之科等。(2)铨衡典:纪官制,禄制,封建及黜擢之法等。(3)食货典:纪户口,农桑,曰制,蚕桑,荒政,赋役,漕运,贡献,盐法,什税平准,国用,饮食,布帛,珠玉,金银,钱钞等。(4)礼仪典:纪冠婚,丧祭,朝会,燕飨等礼,而祀典为最详。又以服章正名定分,礼所必严,亦附及之。(5)乐律典:纪律吕,歌舞,及各种乐器等。(6)戎政典:纪兵制,田猎,兵法,兵略,屯田,马政,驿递,兵器等。(7)祥刑典:纪律令及盗贼,牢狱,听断,刑制,赦宥等。(8)考工典:纪诸工匠,规矩,准绳,度量,权衡,城池,桥梁,宫室,器用等。

第六章 年鉴和手册 历表和年表

年鉴和手册

1. 年鉴的意义和用途

年鉴是汇录最近一年内所发生各种重要时事、政治、经济、教育、建设发展的概况和统计,以及党和政府重要的决议和文件,政府部门和社会团体、学术团体的组织和工作情况。年鉴有具有(1)国际性的,如世界知识手册〔名为手册实为年鉴〕;(2)一国一地性的,如大公报的人民手册;(3)专载统计数的,如海关中外贸易年刊;和(4)专科性的如教育年鉴(1934,1948)等。

2. 手册

(1)常识性的手册如萧长风编的"日用手册"(1951)。

(2)专科性的手册为记录各种学科和技术部门所需查考的规格或公式以及技术性的参考资料,解放后这类的手册出的很多,其内容标准和科学水平也不一。

历表和年表

3.历表

历表是查考记日记年的方法工具书,如查阴历和公历对照的书,中国史书上记年记日的方法很复杂,有帝王的讳名和谥号,有国号(即朝代),庙号(如太宗、高宗之类)年号(如康熙、道光之类)和年(如某年,二年,三年之类)等等的层次。又有用十天干(如甲乙丙丁戊己庚辛壬癸)和十二地支(如子丑寅卯辰巳午未申酉戌亥)相义而为甲子年,乙丑年……而成为六十花甲的记年符号;还有民间常用以十二属(鼠代子年,以牛代丑年)代年的习惯。还有需要查考星期曜日的时候,查考历表最便利的参考书有陈垣的中西回史日历(1-1940年),1928,北京大学研究所出版;荣孟源的中国近代史历表(1850-1949)。1953,三联出版;和薛仲三、欧阳颐合编的两千年中西历表对照表。1956,三联出版。最近荣孟源又新编的中国历史纪年。1936,三联出版。本表共三编:第一编是"历代建元谱",起于公元前206年至1949年中华人民共和国成立;第二编是"历代纪年表",起自公元前841至1949年止,依朝代共分十五个表;第三编为"年号通检"即年号的索引。

4.年表

列表以年为次序,将历史大事分记在各年之下,以便参考。年表主要的功用记扼要而突出，排列有系统。年表分通史性的年表，和专科性的年表。如中国大事年表（1934，商务）为通史性的年表，又如郑振铎早年所编的中国文学年表（载在小说月报第十七卷，1927）。还有查考历代名人生卒年的书如钱保塘的历代名人生卒录（1936，钱氏铅印本）较为完备。

为便于实习作业起见，兹附历表举例数页如下：

韵目代日表

一　日	东、先、董、送、屋	十七日	篠、霰、洽
二　日	冬、萧、肿、宋、沃	十八日	巧、啸
三　日	江、肴、讲、缝、觉	十九日	皓、效
四　日	支、豪、纸、寘、质	二十日	哿、号
五　日	微、歌、尾、未、物	二十一日	马、箇
六　日	鱼、麻、语、御、月	二十二日	餐、祃
七　日	虞、阳、麌、遇、曷	二十三日	梗、漾
八　日	齐、庚、荠、霁、点	二十四日	迥、敬
九　日	佳、青、蟹、泰、屑	二十五日	有、径
十　日	灰、蒸、贿、卦、药	二十六日	寝、宥
十一日	真、龙、轸、队、陌	二十七日	感、沁
十二日	文、侵、吻、震、锡	二十八日	俭、勘
十三日	元、覃、阮、问、职	二十九日	豏、艳
十四日	寒、盐、旱、愿、缉	三十日	陷
十五日	删、咸、潜、翰、合	三十一日	世、引
十六日	铣、谏、叶		

中西回史日历举例

625											624
17	18	18	19	20	20	21	21	22	20	21$_2$.	22$_1$.
18	19	19	20	21	21	22	22	23	21	22	23
19	20	20	21	22	22	23	23	24	22	23	24
20	21	21	22	23	23	24	24	25	23	24	25
21	22	22	23	24	24	25	25	26	24	25	26
22	23	23	24	25	25	26	26	27	25	26	27
23	24	24	25	26	26	27	27	28	26	27	28
24	25	25	26	27	27	28	28	29	27	28	29
25	26	26	27	28	28	29	29	30	28	29	30
26	27	27	28	29	29	30	30	31	3	30	30
27	28	28	29	30	30	31	5	4	2	31	1
28	29	29	30	31	7	6	2	2	3	2	2
29	30	30	31	8	2	2	3	3	4	2	3
30	31	10	9	2	3	3	4	4	5	3	4
12	11	2	2	3	4	4	5	5	6	4	5
2	2	3	3	4	5	5	6	6	7	5	6
3	3	4	4	5	6	6	7	7	8	6	7
4	4	5	5	6	7	7	8	8	9	7	8
5	5	6	6	7	8	8	9	9	10	8	9
6	6	7	7	8	9	9	10	10	11	9	10
7	7	8	8	9	10	10	11	11	12	10	11
8	8	9	9	10	11	11	12	12	13	11	12
9	9	10	10	11	12	12	13	13	14	12	13
10±	10	11	11	12	13	13	14	14	15	13	14
11	11 十	12 九	12 八	13	14	14	15	15	16	14	15

甲子表7 日曜表3											
12₁.	12₁₂.	13₁₁.	13	14七	15六	15	16	16	17	15	16
13	13	14	14₁₀.	15₉.	16	16闰	17五	17	18	16	17
14	14	15	15	16	17₈.	17₇.	18	18四	19三	17	18
15冬	15	16	16	17	18	18	19₆.	19₅.	20	18二	19正
16	16	17	17	18	19	19	20	20	21₄.	19₃.	20

注:本表数码字旁有黑点者系代表红字为回历

五千年间星期检查表

世纪表																			
0	四	5	六	10	一	15	三另	20	六	25	四	30	二	35	另	40	六	45	四
1	三	6	五	11	另	16	六	21	四	26	二	31	另	36	六	41	四	46	二
2	二	7	四	12	六	17	四	22	二	27	另	32	六	37	四	42	二	47	另
3	一	8	三	13	五	18	二	23	另	28	六	33	四	38	二	43	另	48	六
4	另	9	二	14	四	19	另	24	六	29	四	34	二	39	另	44	六	49	四

年表																			
00	×另	10	五	20*	四	30	二	40	一	50	六	60*	五	70	三	80*	二	90	另
01	一	11	六	21	五	31	三	41	二	51	另	61	六	71	四	81	三	91	一
02	二	12*	一	22	六	32*	五	42	三	52*	二	62	另	72*	六	82	四	92*	三
03	三	13	二	23	另	33	六	43	四	53	三	63	一	73	另	83	五	93	四
04*	五	14	三	24*	二	34	另	44*	六	54	四	64*	三	74	一	84*	另	94	五
05	六	15	四	25	三	35	一	45	另	55	五	65	二	75	二	85	一	95	六
06	另	16*	六	26	四	36*	三	46	一	56*	另	66	五	76*	四	86	二	96*	一
07	一	17	另	27	五	37	四	47	二	57	一	67	六	77	五	87	三	97	二
08*	三	18	一	28*	另	38	五	48*	四	58	二	68*	一	78	六	88*	五	98	三
09	四	19	二	29	一	39	六	49	五	59	三	69	二	79	另	89	六	99	四

月表						
1月一(另)	2月四(三)	3月四	4月另	5月二	6月五	
7月另	8月三	9月六	10月一	11月四	12月六	

日表											
1一	2二	3三	4四	5五	6六	7七	8一9二	10三	11四	12五	
13六	14七	15一16二	17三	18四	19五	20六	21七	22一			
23二	24三	25四	26五27六	28七	29一	30二	31三				

51

（续表）

	星期日	星期1	星期2	星期3	星期4	星期5	星期6
星	一	二	三	四	五	六	七
期	八	九	十	十一	十二	十三	十四
表	十五	十六	十七	十八	十九	二十	二十一
	二十二	二十三	二十四	二十五	二十六	二十七	二十八

说　明

一、本检查表系据"东方杂志"第十四卷第四号与第七号寿孝天转引某数学家的发明而作成。从公历元年起到五千年止。这五千年内的某日为星期几，就此表一检查即得。如欲知一九二五年五月三十日为星期几，则先检出"世纪表"中的"19"记住其旁注数字为"零"；再检出"年表"中的"25"记住其旁注数字为"三"；再检出"月表"中的"5 月"，记住其旁注数字为"二"；再检出"日表"中的"30"，记住其旁注数字为"二"；将检出的四个数字"零、三、二、二，"相加得七；最后检出"星期表"中"七"为"星期6"，即知一九二五年五月三十日为星期六。

二、"年表"中有"※"号者为闰年。凡闰年检查"月表"中"1 月"、"2 月"时，须用括号中的数字即"零"或"三"。

三、"年表"中有"※"者，为整世纪之年。十五世纪前，凡遇"00"都为闰年。自十六世纪起，凡世纪的数目，用四能除尽者为闰年，不能除尽者则不是闰年，如"世纪表"中的"16"、"20"等则为闰年，"17"、"18"、" 19"、"21"等则不是闰年。闰年与非闰年检查"1 月"、"2 月"时所用数字不同，必须注意。

四、现行公历，经一五八二年改正，其年日数省去十日（自十月五日至十月十四日），"世纪表"内"15"之旁注有两个数字——"三"和"零"。若检查的日期在一五八二年十月四日以前，就用"三"，在十月十五日以后就用"零"。

第七章　地理志、地图

甲、正史地理志

（1）汉书地理志一卷（卷第 26）

汉书地理志稽疑六卷　　（清）全祖望撰

新斠注地理志十六卷　　（清）钱坫撰；又徐松
"集释"十六卷

汉书地理志补注一百三卷　　吴卓信撰

（2）后汉书郡国志五卷（卷第 29－33）

汉志郡国沿革表一卷

（3）晋书地理志二卷（卷 14－15）

晋书地理志新补正五卷　　毕源撰

东晋疆域志四卷　　洪亮吉撰

（4）宋书州郡志四卷（卷 35－38）

宋州郡志校勘记一卷　　成孺撰

（5）齐书州郡志二卷（卷 14－15）

（6）魏书地形志一卷（卷 106）

魏书地形志校录三卷　　温日鉴撰

（7）隋书地理志三卷（卷29－31）

　　重订隋书地理志考证九卷补遗一卷　杨守敬撰

（8）唐书地理志五卷（卷38－42）

（9）新唐书地理志八卷（卷37－43）

（10）旧五代史郡县志一卷（卷150）

（11）宋史地理志六卷（卷85－90）

（12）辽史地理志五卷（卷37－41）

（13）金史地理志三卷（卷24－28）

（14）元史地理志六卷（卷58－63）

（15）新元史地理志六卷（卷46－51）

（16）明史地理志七卷（卷40－46）

（17）清史稿地理志二十七卷（卷61－87）

乙、历代官撰和私撰全国性地理志（唐代至清代）

（1）括地志（辑本）八卷　　（唐）萧德言等撰

　　　　　　　　　　　　　（清）孙星衍辑

（2）元和郡县志四十卷　　（唐）李吉甫撰

（3）太平寰宇记二百卷　　（宋）乐史撰（较以前地

　　理志多姓氏、人物、风俗数门）

（4）元丰九域志十卷　　（宋）王　存等撰

（5）舆地广记三十八卷　　（宋）欧阳忞撰

（6）舆地记胜二百卷　　（宋）王象之撰

（7）方舆胜览七十卷　　（宋）祝　穆撰

（8）寰宇通志一百十九卷　（明）陈　循撰

（9）天下郡国利病书一百二十卷　（清）顾炎武撰

（10）读史方舆纪要一百三十卷　（清）顾祖禹撰

　　（日本青山定男所编之"支那历代地名要览"即此书之索引，1933 出版）

丙、元明清三代的"一统志"

（1）大元一统志一千卷　　一二九一年由马拉丁等修成初修本，仅 755 卷没有刊行，1303 年孛兰肹、岳铉等完成了再修本，1346 年付梓，今仅有残本流传。

（2）大明一统志九十卷　　1461 年李贤等纂修。有明内府刻本（即司礼监刻本），明万寿堂刻本，1669 年日本翻刻本。

（3）大清一统志　　是书有下列三个刻本：

甲、1743 年纂修本（1687 年由徐乾学创始），有 1774 年刻本，不甚通行。

乙、1764－84 年纂修本，凡四二四卷，即四库著录本，1790 年内府刻本，不甚通行，通行者有 1901 年宝善垒石印本，凡五百卷，自四〇四卷以后多有分合增窜之处。

丙、1820 年——1842 年纂修本，凡五六二卷，有四部从刊续编印本，并附四角号码索引十册。

丁、地方志

　　兹将清一统志、省通志、府志、县志的内容项列表如下,以见其编制体例。

清一统志	1 2 3 4 5 6 7 8 9 10 11 12 13 14 15 16 17 18 19 20 21 22 23 24 分建形风城行学户田税山古关津堤陵祠寺名人流烈仙土 野置势俗池宫校口赋课川迹隘梁堰墓庙观宦物寓士释产 沿 革
雍正山西通志	1 2 3 4 5 6 7 8 9 10 11 12 13 14 15 16 17 18 19 20 21 图星沿疆城关山水学公田盐风物兵武驿古帝封氏 考野革域池隘川利校署赋法俗产制事站迹王爵族 22 23 24 25 26 27 28 29 30 31 32 33 34 35 36 37 38 科职名人孝隐寓烈仙艺羊祠寺陵经遗艺 目官宦物义逸贤女释术异庙观墓籍事文
同治苏州府志	1 2 3 4 S 6 7 8 9 10 11 12 13 14 15 16 17 18 19 20 21 星疆風城坊山水水田物公学官乡津古坛寺第家职 野域俗池巷　　利赋产署校制都梁迹庙观宅墓官 22 23 24 25 26 27 28 29 30 31　　　　　　　　　　园 选名人艺流烈释艺金祥　　　　　　　　　　　　林 举宦物术寓女道文石异
同治上海县志	1 2 3 4 5 6 7 8 9 10 11 12 13 14 15 16 17 图疆建水田物学祠岳职选人艺游烈艺名 说域置道赋产校祀防官举物术寓女文迹

戊、地图

　　历代地理沿革图　（清）杨守敬绘制　　1906 –

56

1611 刻本

（杨守敬的全部舆图,包括总图历代舆地沿革险要图,三十四种断代地理图疆域图及水经注图）

中华民国新地图

中国分省新图

　　以上二图均为丁文江,翁文灏,曾世英合编,1934,上海申报馆印行,各一册,有彩色地图五十幅,书末附地名索引。

　　中华人民共和国分省地图（地形版）

　　亚光舆地学社编纂,1953,地图出版社。

　　己、地名辞典和索引

历代地理韶编今释二十卷　　（清）李兆洛辑

　　　　　　　　清道光十七年（1837）刻本

中国古今地名大辞典　臧励龢等编　1933　商务

（标准汉译）外国人名地名表　何炳松编　1934

商务

　　中国地方志综录　朱士嘉编　1935　商务

　　中国地学论文索引　王　庸等编　1934 又 1935

续编

　　国立北平图书馆印行　四册

国立北平图书馆中文舆图目录　王　庸等编

　　　　　　1933　国立北平图书馆印行

第八章　人物志、传记索引、姓氏类书

传记索引

兹略举几种检查人物传记的索引和工具书如下：

元和姓纂十卷（唐）林宝撰　清嘉庆七年（1802）　孙星衍刻本

二十五史人名索引　1935　上海开明

古今同姓名大辞典　彭作桢编　1935　北平好望书局印本

古今人物别名索引　1937　广州岭南大学图书馆629页

历代名人生卒录　钱保塘编　1936　海宁钱氏清风室印本

八十九种明代传记综合引得　田继宗编　1935
　　　　　　北平燕京学社引得编纂处编印

卅三种清代传记综合引得　杜连喆　房兆楹合编
　　　　　　1932　北平燕京学社引得编纂处编印

中国人名大辞典　藏励龢编　1921　商务

中国画家人名辞典　孙醴公编　1934　上海神州国光社

中国文学家大辞典　谭正璧编　1934　上海光明

第九章　书目和索引

书目和索引为参考书中的主要参考工具，其中主要书目及索引工作已在普通目录学和书目索引编制法专题论叙，兹就关于"图书目录事业国家化和科学化问题"略论如次。

1. 现代图书馆的任务和存在问题

今日的图书馆在党和政府的正确领导下，已确定了为广大人民大众服务和为科学研究服务的两项基本任务。图书馆事业有了飞速的发展，变化很大。但是据我了解，图书馆存在着三荒和二难的现象。所谓三荒，即书荒、人荒、房荒；二难，即书有新旧之分和多少之别。兹分别解释如下：

书荒。　一因人民文化水平提高，需要量大，二因很多旧书没有整理，科学家不能充分利用，有书荒现象。

人荒。　图书馆事业发展太快，干部不够用，水平也不高，领导不明了图书馆事业，在调动干部上又有缺点，因此有人荒之感。

房荒。　由于革命的胜利,图书馆的书大大增加,因为没有房子放,很多书堆在走廊下,没发挥作用。

二难。　一难是书有新旧之分,二难是书有多少之别。也即是数量和质量的问题。书有新、旧之分在整理上有问题。公共图书馆书少,科技图书馆书多。所谓公共图书馆书少,即很多读者等着要书,但借不到书,拒绝率增加。群众的文化水平提高,对书的质量要求高,他们要求好书。图书馆工作人员不能做群众的尾巴,要求出版得多,要求解决书的问题。科技图书馆的书多,是说各种科学家的研究工作第一要求书全,第二要求书精,而全精之间便发生了矛盾。举个数字,就科技杂志来说,化学文摘 1907 年创刊时收 650 种,论文 5,000 篇。根据化学文摘本身的研究报告,1951 年收 1955 种杂志,论文 5 万多篇,比创刊时增加了 10 倍。就新品种而言,据英国杂志总录看来在 1943 年第二版时,只有 36,000 种,1950 年增加到 5 万种,17 年增加了 14,000 种。据 1953 年调查,全世界科学杂志共有 16 万种,美国、加拿大 12 万种,欧洲 4 万种。这许多杂志使人很头痛。袁翰青先生把 1956 年自然科学杂志做了一个分析,全世界有 180 万篇,其中有关化学方面的文章有 9 万篇。180 万篇论文中,英文占 55%、德文占 12%、俄文占 11%。近代科学论文不但数量多,而且专门化,如半导体和研究纸的纤维弹性。自然科学家要在 180 万篇论文中找到自己所需要研究资料,在专业图书馆来说未免太难了,因此感到资料多。科学家要求图书馆在收藏资料方面要精、要全,精、全发生了矛盾,怎样解决?

2. 目录事业国家化问题

图书馆为群众服务的主要工具是目录,如何整理这180万篇论文?解放后出版事业像雨后春笋,去年出版了12,000－15,000种书籍。内外新旧合并起来怎样掌握。如在科学进军中掌握不好,科学家在前线冻死饿死,是我们的责任。

过去研究目录学的多半是学者,搞目录学是学者的副业,郑樵就是如此。但今天的情况与过去不同,要求图书馆工作者要专业化。因为要有学问,要从其他行业转到图书馆来。今天的图书馆专业化,因为图书馆工作这么多,所以不是一个人或一个馆所能搞的,需要国家来支持。因此要求图书馆事业专业化和国家化。

过去各馆编制了很多目录。南京编了期刊目录,其他馆也编了许多目录。因为没组织,有赶浪头的趋势。甲馆医学书目,乙馆也搞医学书目,因此重复浪费很多。应分工合作,消灭这种无组织无政府的状态。要有组织。国家化的重要由此可见。如何国家化呢?

第一个原则:消除书籍的散漫现象,要由散漫到集中。

第二个原则：由片断到积累，目录工作要细水长流。有的馆书目编的不少，但只编一期，第二期就不见了。商务印书馆编了一次年鉴，第二本四十年过去啦还不见出来。目录要继续而且要积累，这样才方便。

全国图书馆，文化部有 96 个公共图书馆，藏书 2,890 万册；高教系统有 212 个，藏书 3,700 万册；科学院几百万册。三个系统合起来，约七千万到一万万册，除去复本，最多为 25 万种。

目录工作应有组织地来做。各位希望有联合目录，旧书这样做是最经济的。联合目录怎样做？在图书馆外的人压力很大，但不要动摇，要南京图书馆 200 万册图书，一夜就做完是不可能的，要有计划。目录工作是科学的工作，应有步骤。我提出不成熟的意见：分类可以粗疏一点，能分出经、史、子、集就可以，但著录要详细。科学家怎样急也不能只把书名写上就算了。第一步要查对，书是谁著的，要研究著者是什么社会，什么时候和什么地方的人。书名也不能忽略。中外书一样复杂，对版刻、版本，尤其是对善本书的版本著录要详细。

25 万品种怎样动手，有两个方向：1. 分区作。南京一个区，北京一个区，南北合流，要精简节约，避免重复。消除无组织状态，解决矛盾。2. 解放以后的新书不再乱。

文化部开始在作由散漫到集中的计划。在文化部领导下，出版机关对此工作应加强。首先要彻底来执行书刊集中登记编号工作，把全国所有的印刷品，不管厚的书、薄的纸以及脱离胶卷唱片等，凡群众流通的都要登记。因为研究历史文献的人，如罗尔纲先生之找太平天国资料，即片纸只字，都是宝贝。今日的印刷品我们为什么不用科学头脑来加以整理，给我们的后代留余地呢？所以第一步要科学的和有组织的总的登记。第二要由片段到累积。光开月季花不算百花齐放，我们不能老是月季花，还要作到冬青树，要长青，与我国共产党共存亡，党生命存在一天，目录就不要断，要继续下去。所谓"无后为大"，期刊索引也要采取这一原则。第三，要有组织的印刷卡片。有人说北京编印卡片太慢，其实，北京图书馆的同志很着急，辛苦得很。现在想把卡片和书同时到馆，但在组织上应加强。编印卡片是为科学服务，出版社也要为图书馆服务。今日出版社是为群众服务的，要把书的样本印好后寄给北京图书馆，替它准备条件。卡片出来了能解决中小型图书馆的编目问题，可以省出不少的人力物力。

干部训练的问题要适应现代图书馆的急需，现在需要大量的干部。文化部今天在作这个工作，把在职干部调职集训。各省应训练县的干部，这样干部质量即会提高。我听到各处说干部水平低，但这次我感觉水平并不低，学习也很热情。下级干部训练起来以后，还要将文化部、高教部及科学研究机关的一些高级干部，如物理学家、工程师,组织起来加以训练,以解决专业图书馆干部问题。这样便可以培养许多历史资料专家、物理资料专家。一般的专家是不了解图书馆的业务的,如能经过训练,专业图书馆人员问题即可解决。

3. 目录工作科学化问题

目录工作科学化问题要研究三个方面:一、目录工作组织化问题,二、标准化问题,三、经济化问题。最后介绍一下电子学和电子计算机在目录上的应用远景。目录是科学的,图书馆工作是科学的,一定要有科学化的原则。

一、组织要科学化。在上段说过,国家目录是总的组织,各图书馆亦要有组织。在外文书刊的采购方面,一定要很好地组织起来。现在由国际书店统购统销,但还须加强这一工作。

各馆外文期刊很多而且乱。南京图书馆钱亚新先生说期刊联合目录有问题,过去以卷排,今日应以期为单位。中间断的很多,对科学研究不方便。现在要组织起来。今日资本主义国家外文期刊共有九千种,这许多杂志中应很好研究。第一步要选种,应在国家机构领导下进行,如各自为政,影响外汇。请科学专家进行有系统的选种,再分配给各馆,免除混乱。如一本好的物理学通报,各馆都有而好的原子能报告谁也没有,是不应该的,所以应有选种,选种以后不要间断。

现在图书馆最困难的是经费问题,要保证图书馆的预算经费不能减少。科学家需要资料,图书馆要吃补药。图书馆本身要常青,所以图书购置费不能减少。一个城市内购置一部,互通有无,分配好即够用,如物理学通报原订50套,按全国各城市的需要统筹,即使用商业的眼光来看也是好的,因为买一分五元,买一百分则每分三元半就够了,有双重的节约。如单买物理学通报全国要买二百分以上。南京、北京,天天在买,浪费很大,不能打折扣。南京工学院图书馆长说买外文书那一本能买到没有把握,杂志亦如此。所以单子选好了,将标准单交给海外有各种方便。

　　现在阅览的手续繁琐,排队看书,北京排队,南京限制学生。阅览制度改良可以消去拥挤。北京图书馆柜台里也拥挤。在纽约市图书馆每天有一万到三万人到馆看书,不拥挤,由两个女孩子管理阅览,将借书单在麦克风一读,书库的人即将书送到柜台,读者可随便等候。每五分钟取书一次,用显微照相记录后,即能看书。我们的阅览室工作同志同时是体力劳动者,很值得尊敬。要组织好了以后,能节省人力、财力,所以用科学管理是必要的。资本主义用科学方法来剥削群众,我们用来增加生产。

　　二、标准化。杜定友先生在二十年前即想标准化。书架要标准化,制度要标准化……标准化是科学管理的首要问题。如卡片盒的大小很有关系。卡片要有标准化,分类方法要标准化,分类条例要标准化。中国古语:没有规矩不成方圆。编目也要标准化,杜先生在二、三十年以前的建议今天不能埋没。分类方法要统一,在编联合目录中分类是细致的。编一分类法是不容易的,在国外亦是如此。在公共图书馆中分类的严格性不是重要的,分类只是为了在书架上取书,取书在大的图书馆很重要,在县、乡的图书馆目录工作很重要,分类懂也可,不懂也可。小型馆希望于二日内将书送到柜台,愈快愈好,为了分类请专家大可不必。群众嫌书少,特别是星期六,如借不到书,即会提意见。所以统一的分类法应由科学家与图书馆学家合作。科学名词要统一,不然就排不到一起,这对主题卡片的编制有关系。主题目录对读者发生作用,分类是为了排列,所以分类可先粗疏一点,群众用完了,慢一点编也可以。分类方式要结合实际,群众用书时可把书先拿出去。

三、经济化问题。图书馆目录的每一个著录都要有标准格式,必须经济、省时间,要在最短的时间达到最大的效用。

现在介绍一些图书馆工作方法机械化问题。现在我们图书馆的工作还停留在手工业阶段,编目用手抄,卡片用手排,有的虽用打字,也只能算是半手工业式。阅览、流通工作也都同样,过去书用手抄,后来用照相、蓝晒,现在用显微影片的方式。但是今日科学的进步很快,国外科学家正在研究想使用电子计算机来整理目录,电子计算机用法是高度的运算,很快,是一种高度的运算数理。如研究原子爆炸,要计算爆炸后每个原子在空气中振荡的反映,需要几万次的演算,如由数学家计算至少要花上十年时间。

使用电子计算机首先得解决逻辑问题。因素是由人决定的,将已知的因素纪录在机器上,进行一系列的数系变化,或逻辑运算来分析各种可能性,从而选择最有利的决策。如语言因素,无线电即 radio,化学即 Chemistry,把这些所有的因素组成一系列的因素组,以后要用时只要按一按机器它就会出来。这种机器开始用于计算犯人的指纹,其次是商业上用以控制市场价格,帮助资本家作生意。这种机器还可以作整理的工作,如银行结账……等等。通常把大批资料先只要记录在磁带上,以后即可进行整理。

图书馆可以利用来作编目、排卡片、查目录的工作。若是有了这种机器,编联合目录时,就不必跑遍各馆,只要全国的书都经过一次整理,一按机器所有的书就出来了。这是图书馆的远景,有了这种机器就可以解决找资料的矛盾。在现代手工业过渡到电子化的阶段中应做好准备。

利用电子计算机还可给我们作更好的服务,一张卡片可以印 96 页书,而且在卡片上有著录,提要及论文,用起来非常简便。

　　使用电子计算机是我们的远景,虽然远,但我们有信心,我们应该及早作好准备,更好地为社会主义建设服务。